CREPÚSCULO DOS ÍDOLOS

Ou como se filosofa com o martelo

FRIEDRICH NIETZCHE

CREPÚSCULO DOS ÍDOLOS

Ou como se filosofa com o martelo

São Paulo, 2025

Crepúsculo dos Ídolos ou como se filosofa com o martelo

Copyright © 2025 by Novo Século Editora Ltda.

Diretor editorial: Luiz Vasconcelos
Produção editorial: Graziele Sales
Preparação: Angélica Mendonça
Revisão: Ana C. Moura
Diagramação: Marília Garcia
Capa: Equipe Novo Século

Texto de acordo com as normas do Novo Acordo Ortográfico da Língua Portuguesa (1990), em vigor desde 1º de janeiro de 2009.

Dados Internacionais de Catalogação na Publicação (CIP)
Angélica Ilacqua CRB-8/7057

Nietzsche, Friedrich Wilhelm, 1844-1900
Crepúsculo dos ídolos : ou Como se filosofa com o martelo / Friedrich Nietzsche; tradução de Thales Prado. –– Barueri, SP : Novo Século Editora, 2025.
160 p.

ISBN 978-65-5561-940-9
Título original: Götzen-Dämmerung oder Wie man mit dem Hammer philosophirt

1. Filosofia alemã I. Título II. Prado, Thales

24-5310   CDD-193

GRUPO NOVO SÉCULO
Alameda Araguaia, 2190 - Bloco A - 11º andar - Conjunto 1111
CEP 06455-000 - Alphaville Industrial, Barueri - SP - Brasil
Tel.: (11) 3699-7107 | E-mail: atendimento@gruponovoseculo.com.br
www.gruponovoseculo.com.br

As opiniões emitidas neste livro são
de exclusiva responsabilidade do
autor, não refletindo necessariamente
os princípios da editora.

SUMÁRIO

Prefácio...8
I. Provérbios e direcionamentos 11
II. O problema de Sócrates...23
III. A "razão" na filosofia..33
IV. O porquê de o "mundo verdadeiro" ser uma fábula.......43
    História de um erro.. 45
V. Moral como antinatural 49
VI. Os quatro grandes erros 59
VII. Os "melhoradores" da humanidade.............................73
VIII. O que falta aos alemães 81
IX. Incursões de um inoportuno...93
X. O que devo aos antigos 147
O martelo falou 157
    Assim falou Zaratustra.. 159

PREFÁCIO

Manter a alegria em meio a um assunto obscuro e demasiado responsável não é feito pequeno: e, ainda assim, o que seria mais necessário que a alegria? Nada acontece sem que a arrogância desempenhe um papel. O excesso de força é a prova da força. Uma transvaloração de todos os valores, essa interrogação tão sombria, tão colossal, que projeta sombras sobre aquele que a coloca – um tal destino que nos compele, a cada instante, a correr em direção ao Sol, derrubando de si todo esse peso que se tornou excessivamente sério. Qualquer meio é válido, cada "queda", uma bênção. Sobretudo a guerra. A guerra sempre foi a sabedoria de espíritos que se tornaram mais introspectivos, mais profundos; na própria ferida jaz o poder da cura. Um ditado, cuja origem escondo da curiosidade erudita, há muito tem sido meu lema:

Increscunt animi, virescit volnere virtus.[1]

Uma outra recuperação, que nas circunstâncias me é mais desejado, é auscultar ídolos... Há mais ídolos do que realidades no mundo: esse é meu "mau olhar" para este mundo, também é meu "mau escutar"... Aqui, fazer

---

1 O espírito cresce, a virtude se fortalece (tradução nossa).

pergunta com o martelo uma vez e quem sabe, como resposta, ouvir aquele conhecido som oco que fala de vísceras inchadas – que deleite para quem tem ouvidos atrás dos ouvidos. Para mim, velho psicólogo e caçador de ratos, o que desejo que permaneça em silêncio deve tornar-se alto...

Também este texto – como revela o título – é, antes de tudo, um descanso, um feixe de luz solar, um deslize para a ociosidade de um psicólogo. Talvez, também, uma nova guerra? E novos ídolos foram auscultados? Este pequeno texto é uma grande declaração de guerra; e o que diz respeito à auscultação de ídolos desta vez não tem a ver com ídolos efêmeros, mas com eternos, que não são tocados pelo martelo como por um diapasão – essencialmente, não existem ídolos mais antigos, mais convencidos, mais inflados... Nem mais ocos... Isto não impede que sejam os ídolos mais acreditados; também se diz, especialmente no caso mais nobre, que nem sequer são ídolos...

> Turim, 30 de setembro de 1888,
> dia em que o livro da *Transvaloração de todos os valores* foi finalizado.

> FRIEDRICH NIETZSCHE

I. PROVÉRBIOS E DIRECIONAMENTOS

1

O ócio é o princípio de toda psicologia. Como? Seria a psicologia... um vício?

2

Mesmo o mais corajoso dentre nós raras vezes tem coragem de fazer aquilo que verdadeiramente sabe...

3

Para viver sozinho, é preciso ser um animal ou um deus – dizia Aristóteles. Falta o terceiro caso, é preciso ser ambos – filósofo...

4

"Toda verdade é simples." – Não seria isso uma mentira dupla?

5

Eu quero, de uma vez por todas, não saber muito. – A sabedoria também limita o conhecimento.

6

O homem se recupera melhor em sua natureza selvagem do que em sua falta de natureza, em sua espiritualidade...

7

Como? Seria o homem apenas um erro de Deus? Ou Deus apenas um erro do homem?

8

Da bélica escola da vida. – O que não me mata me torna mais forte.

9

Ajude a si próprio: então os outros os ajudarão. Princípio do amor ao próximo.

10

Não se acovarde de suas próprias ações! Não as abandone em seguida! – O remorso é indecente.

11

Pode um burro ser trágico? Morrer sob um fardo que não pode suportar nem soltar? O caso do filósofo.

12

Tendo o seu "por quê?" da vida, então tolera-se quase tudo "como"? O homem não busca a felicidade, apenas os ingleses o fazem.[2]

13

O homem criou a mulher – mas de quê? De uma costela de seu deus – de seus "ideais"...

14

Como? Está procurando? Quer se multiplicar por dez, por cem? Está procurando seguidores? – Procure zeros.

15

Homens póstumos – eu, por exemplo – são menos compreendidos do que contemporâneos, mas mais ouvidos. Mais rigorosamente: nunca seremos compreendidos – daí nossa autoridade...

16

Entre mulheres – "A verdade? Ah, você não conhece a verdade! Ela não é um atentado aos nossos pudores?"

---

[2] Referência aos pensadores do utilitarismo inglês.

17

Eis um artista, como eu amo os artistas, modestos em suas necessidades: eles desejam apenas duas coisas, seu pão e sua arte – *panem et Circen*[3]...

18

Quem não sabe colocar sua vontade nas coisas, ao menos deixa um sentido para trás: quer dizer, acredita que uma vontade já se encontra nelas (princípio da "fé").

19

Como? Você escolheu a virtude de peito estufado e olha com inveja para as vantagens do inofensivo? – Mas com virtude renuncia-se às "vantagens"... (escrito na porta da casa de um antissemita).

20

A mulher perfeita comete literatura, assim como comete um pequeno pecado: uma tentativa, passando, olhando em torno se alguém a nota e para que alguém a note.

---

[3] Pão e circo, frase de alusão à política da Roma Antiga.

21

Não se coloque em situações em que não se pode ter virtudes aparentes, onde se é como o equilibrista em sua corda bamba: ou cai ou fica de pé – ou o que vier...

22

"As pessoas ruins não têm canções." – Então como é que os russos têm canções?

23

"Espírito alemão": por dezoito anos uma *contradictio in adjecto*[4].

24

Ao buscar pelas origens, você se torna um caranguejo. O historiador olha para trás; finalmente também acredita para trás.

25

A felicidade protege do resfriado. Alguma vez uma mulher que sabia se vestir bem se resfriou? – Presumo que ela mal estava vestida.

---

[4] Contradição de termos (tradução nossa).

26

Eu desconfio de sistemáticos e fico longe de seus caminhos. A vontade de sistematizar é uma falta de honestidade.

27

O homem toma a mulher como profunda – por quê? Porque o homem nunca chega ao fundo. A mulher nem mesmo é rasa.

28

Quando a mulher possui virtudes masculinas, devemos correr dela; e, quando não tem nenhuma virtude masculina, ela mesma corre.

29

"Quanto a consciência costumava morder? Que bons dentes tinha? – E hoje? O que lhe falta?" – Pergunta de um dentista.

30

Raramente, precipita-se uma única vez. Na primeira precipitação sempre se faz demais. Por isso, em geral, ocorre uma segunda – e, dessa vez, faz-se muito pouco...

31

O verme que é chutado se retorce. Por isso é inteligente. Assim, ele diminui a probabilidade de ser chutado novamente. Na língua da moral: humildade.

32

Há ódio à mentira e à dissimulação vindo de um conceito sensível de honra; há um ódio igualmente forte pela covardia, de modo que a mentira, por ordem divina, é proibida. Covarde demais para mentir...

33

Quão pouco é necessário para a felicidade! O som de uma gaita de foles. – Sem música, a vida seria um erro. O alemão se imagina cantando canções para Deus.

34

"*On ne peut penser et écrire qu'assis*"[5] (G. Flaubert). – Com isso te peguei, niilista! O sentar é justamente o pecado contra o espírito santo. Apenas os pensamentos expressos têm valor.

---

5 Só é possível pensar e escrever enquanto se está sentado (tradução nossa).

35

Existem casos em que nós, os psicólogos, somos cavalos e ficamos inquietos: vemos nossa própria sombra diante de nós, oscilando para cima e para baixo. O psicólogo deve afastar-se de si para ver o principal.

36

Se nós, imorais, fazemos mal à virtude? Tão pouco quanto os anarquistas aos príncipes. Só depois de estes serem baleados, de novo se sentam firmemente em seus tronos. Moral: deve-se disparar contra a moral.

37

Está correndo na dianteira? – Faz isso como um pastor? Ou como exceção? Em um terceiro caso, seria um fugitivo... Primeira questão de consciência.

38

Você é verdadeiro? Ou apenas um ator? Um representante? Ou o próprio representado? – No fim, é apenas a imitação de ator... Segunda questão de consciência.

39

O desapontado fala. – Eu buscava grandes homens e sempre achei somente os macacos de seus ideais.

40

Você é um daqueles que assiste? Ou que mete a mão? Ou, ainda, que desvia o olhar, se afasta? Terceira questão de consciência.

41

Quer acompanhar? Ou liderar? Ou ir por si só? É preciso saber *o que* se quer e *que* se quer. Quarta questão de consciência.

42

Esses eram degraus para mim, usei-os para subir. – Então precisei passar por cima deles. Mas pensavam que eu queria apoiar-me sobre eles para descansar.

43

O que temos é que estou com a razão! Eu tenho razão de mais. – E, hoje, quem ri melhor também ri por último.

44

Fórmula da minha felicidade: um sim, um não, uma linha reta, um objetivo...

II. O PROBLEMA DE SÓCRATES

1

Sobre a vida, em todos os tempos, os mais sábios tiveram o mesmo julgamento: ela não vale nada... Sempre e em todos os lugares da boca deles ouve-se o mesmo som – um som cheio de dúvida, cheio de melancolia, cheio de cansaço da vida, cheio de resistência contra a vida. O próprio Sócrates dizia, enquanto morria: "Viver é o mesmo que estar doente por muito tempo: eu devo um galo ao salvador Asclépio". O próprio Sócrates estava farto. O que isso prova? Para onde isso aponta? Antigamente teriam dito (ah, decerto disseram, e alto o bastante, e com nossos pessimistas na dianteira!): "Aqui, pelo menos algo deve ser verdadeiro! O *consensus sapientium*[6] comprova a veracidade." – Ainda vamos falar assim, hoje? Nós podemos? "Aqui, pelo menos algo deve estar doente" – demos como resposta: esses sábios de todos os tempos, talvez devêssemos, primeiro, examiná-los de perto! Talvez não estivessem todos mais se aguentando sobre as pernas? Tardios? Instáveis? *Decadentes*? Talvez a sabedoria aparecesse na Terra como um corvo, entusiasmado com um pequeno pedaço de carniça?

---
6 Consenso dos sábios (tradução nossa).

2

Esse desrespeito, de que os grandes sábios são tipos em declínio, surgiu-me primeiro em um caso no qual um deles era duramente confrontado pelo julgamento educado e deseducado: eu reconheci Sócrates e Platão como sintomas do declínio, como instrumentos da dissolução grega, como pseudogrego, como antigrego (*Nascimento da tragédia*, 1872), aquele *consensus sapientium* – podia compreendê-lo cada vez melhor – nem minimamente prova que tinham razão sobre o que concordavam: mas atesta, por outro lado, que eles próprios, esses sábios, em uma concordância fisiológica, mantinham a mesma visão negativa sobre a vida, precisavam manter tal visão. Juízos, juízos de valor sobre a vida, a favor ou contra, nunca podem ser verdadeiros: eles têm valor apenas como sintoma, só podem ser considerados assim; por si só, esses julgamentos são tolices. É preciso estender os dedos para tentar agarrar essa notável finesse de que o valor da vida não pode ser mensurado. Não por uma pessoa viva, pois esta é parte interessada, até mesmo objeto da disputa, não juiz; não por um morto, devido a outro motivo. No olhar de um filósofo do valor da vida, permanece um problema, inclusive uma oposição, um ponto de interrogação sobre sua sabedoria, uma ignorância. Como? E todos esses grandes sábios não seriam apenas *decadentes*, eles nunca sequer teriam sido sábios? Mas voltemos ao problema de Sócrates.

3

Sócrates pertencia, por sua origem, ao povo mais baixo: era plebeu. É sabido, e pode-se ainda ver, como ele era feio. Mas a feiura, em si uma objeção, é quase uma refutação aos gregos. Sócrates era definitivamente grego? A feiura muitas vezes é a expressão de um desenvolvimento cruzado, inibido pelo cruzamento. Em outro caso, parece-se com um declínio no desenvolvimento.

Os antropólogos entre os criminalistas nos dizem que o típico criminoso é feio: *monstrum in fronte, monstrum in animo*[7]. Mas o criminoso é um *decadente*. Era Sócrates um típico criminoso? Ao menos aquele famoso julgamento fisionomista não o contradiria, o que soou ofensivo aos amigos de Sócrates. Quando cruzou Atenas, um estrangeiro versado em fisionomia disse na cara de Sócrates que este era um monstro e hospedava todos os piores vícios e desejos em si. E Sócrates respondeu simplesmente: "Você me conhece, meu senhor!".

4

A *decadência* de Sócrates não indica apenas a desolação e a anarquia nos instintos, mas também a superação do lógico e aquela malícia raquítica que o destaca. Não nos esqueçamos ainda daquelas alucinações auditivas que

---

[7] Monstruoso na face, monstruoso na alma (tradução nossa).

foram interpretadas religiosamente como "*daimonion*[8] de Sócrates". Tudo nele é exagerado, bufão, caricato, tudo é simultaneamente oculto, velado, subterrâneo. Eu busco entender sobre qual idiossincrasia surge a equiparação socrática de razão = virtude = felicidade: essa equiparação bizarra que existe e, sobretudo, vai contra todos os instintos dos antigos helenos.

5

Com Sócrates, o gosto grego muda a favor da dialética: o que realmente está acontecendo? Acima de tudo é o gosto nobre que desaba; a plebe sobe ao topo com a dialética. Antes de Sócrates, as maneiras dialéticas eram rejeitadas na boa sociedade: eram consideradas péssimas maneiras, comprometedoras. Advertiam-se os jovens sobre elas. Também se desconfiava de quem apresentava seus pontos de tal forma. Portar coisas honestas, como pessoas honestas, não expõe seus pontos com a mão. É indecente mostrar todos os cinco dedos. O que precisa ser primeiramente provado é de menor valor. De forma geral, onde a autoridade da boa conduta é relevante, onde não se "justifica", mas se comanda, o dialético não passa de um bufão: riem dele, não o levam a sério. Sócrates era o bufão que se fez levar a sério: o que realmente transpassou ali?

---

8 Demônios.

6

Escolhe-se a dialética apenas quando não se há outro meio. Sabe-se que ela traz consigo a desconfiança, que pouco convence. Nada é mais fácil de ignorar do que o efeito do dialético: a experiência de toda reunião onde se fala é a prova. Ela só pode ser defesa nas mãos daqueles que não têm outras armas. Deve-se ter seu direito pela força; senão ela não possui utilidade. É por isso que os judeus eram dialéticos; "Reineke, a raposa" o era: como? E Sócrates também o era?

7

Seria a ironia de Sócrates uma expressão da revolta? De ressentimento da plebe? Ele desfruta, como oprimido, de uma ferocidade em suas facadas de silogismos? Ele se vinga dos nobres que ele fascina? Tem-se, como dialético, uma ferramenta implacável em mãos; com ela pode-se subjugar o tirano; expõe-se o outro ao vencê-lo. O dialético delega ao adversário o dever de provar que não é idiota: ele o enfurece e ao mesmo tempo o deixa impotente. O dialético enfraquece o intelecto do adversário. Como? A dialética é apenas uma forma de vingança para Sócrates?

8

Apresentei o entendimento pelo qual Sócrates pode ser entendido como repulsivo: ainda resta explicar de que forma ele fascinava. O fato de ter descoberto uma nova espécie de Agon, de ter sido o primeiro mestre de esgrima no círculo nobre de Atenas é uma coisa. Ele fascinava ao mexer no espírito agonístico dos helenos – trouxe uma variante no ringue entre jovens homens e meninos. Sócrates era, também, um grande erótico.

9

Mas Sócrates intuiu ainda mais. Viu além dos atenienses nobres; compreendeu que, em seu caso, a idiossincrasia não era mais do que algo excepcional. O mesmo tipo de degeneração se preparava em silêncio em todo canto: a velha Atenas caminhava rumo ao fim. E Sócrates entendeu que o mundo inteiro tinha necessidade dele – seu método, sua cura, sua artimanha pessoal de autoconservação... Em todos os cantos, estavam os instintos em anarquia; em todos os cantos estavam a cinco passos do excesso: o *monstrum in animo* era o perigo universal. "Os impulsos querem fazer o tirano; é preciso encontrar um antitirano que seja mais forte." Quando aquele fisionomista revelou a Sócrates quem era, uma caverna dos piores desejos, o grande irônico deixou escapar uma palavra entregando a chave sobre si. "Isto é verdade", disse ele, "mas eu fui senhor de tudo." Como teria Sócrates sido senhor de si mesmo? Seu caso era, em essência, extremo, apenas o mais evidente do que começou a se tornar uma necessidade generalizada: que ninguém mais era senhor de si, que os instintos se voltavam uns contra os outros. Ele fascinava porque era um caso extremo – sua feiura aterrorizante falava por si só a cada olhar: ele fascinava, está óbvio, ainda mais como resposta, como solução, como cura aparente para esse caso.

10

Quando se há necessidade de fazer da razão um tirano, como Sócrates o fez, então não é pequeno o risco de que outra coisa se faça de tirano. A razão, outrora, era entendida como salvadora, e nem Sócrates nem seus "doentes" eram livres para serem racionais – era *de rigueur* que fosse seu último recurso. O fanatismo com o qual todo o pensamento grego se joga à razão revela uma carência; com o perigo, havia apenas uma escolha: ou perecer, ou ser absurdamente racional... O moralismo dos filósofos gregos a partir de Platão é condicionado patologicamente, assim como sua estima pela dialética. Razão = virtude = felicidade basicamente significa: é preciso imitar Sócrates, ir contra os desejos obscuros e ficar em uma luz diurna permanente – a luz diurna da razão. É preciso ser astuto, claro e brilhoso a todo custo: qualquer concessão aos instintos os rebaixa ao inconsciente...

11

Eu sugeri como Sócrates fascinava: ele parecia um médico, um salvador. É necessário, então, mostrar onde o erro está em sua crença de "razão a todo custo". É uma autoilusão dos filósofos e moralistas sair da *decadência* lutando contra ela. Sair está além de suas forças: o que escolhem como método, como salvação, é, em si, apenas mais um reflexo da *decadência* – eles mudam sua expressão, mas não se livram dela. Sócrates foi um malcompreendido; toda moral corretiva, mesmo a cristã, é um mal-entendido... A mais brilhante luz diurna, a razão a todo custo, a vida clara, fria, cautelosa, consciente, sem instinto, em oposição aos instintos, era, por si só, apenas uma doença, uma outra doença – absolutamente não era caminho para a "virtude", para a "saúde", para a felicidade... Ter que lutar contra seus instintos é a fórmula para a *decadência*: enquanto a vida ascende, felicidade é o mesmo que instinto.

12

Já teria ele mesmo compreendido isso, ele que era o mais sábio dentre os autoiludidos? Havia ele dito isso a si próprio no fim, na sabedoria de sua coragem diante da morte? Era Sócrates que queria morrer – não foi Atenas, e sim ele quem tomou para si o cálice de veneno, ele forçou Atenas a oferecer-lhe o cálice... "Sócrates não é um médico", sussurrou para si, "a morte é o único médico... o próprio Sócrates estava doente havia muito tempo..."

III. A "RAZÃO" NA FILOSOFIA

1

Vocês me perguntam: o que são todas as idiossincrasias dos filósofos? Por exemplo, a falta de senso histórico, o ódio contra a própria ideia de vir a ser, seus egipcismos. Eles acreditam estar fazendo algo honroso ao se desistoricizarem, *sub specie aeterni*[9] – quando se fazem de múmia. Tudo o que os filósofos manusearam por milênios foram conceitos-múmia; nada relevante nasceu de suas mãos. Eles matam e empalham, quando adoram esses senhores idólatras de conceito – são perigosos para tudo, quando adoram. A morte, a mudança, a velhice, assim como a procriação e o crescimento são objeções para eles – incluindo as refutações. O que é não se torna; o que se torna não é... Todos eles acreditam, com desespero, no Ser. Mas, como não conseguem obtê-lo, buscam razões pelas quais lhes foi retido. "Deve haver uma ilusão, um engodo que nos impede de perceber o Ser: onde se esconde o ludibriador?", "Nós o pegamos", gritam eles, alegres, "é a sensualidade! Esses sentidos, que também são tão imorais, nos enganam sobre o verdadeiro mundo. Moral: livrar-se do ardil dos sentidos, do tornar, da história, da mentira – a história não passa de credo nos sentidos, credo nas mentiras. Moral:

---
9 Sob a aparência do eterno (tradução nossa).

negar a tudo o que o credo nos sentidos dá ao resto da humanidade: é tudo 'povo'. Ser filósofo, ser múmia, o monótono-teísmo através de uma mímica de coveiro! – E foi com tudo do corpo, essa lamentável *idée fixe* dos sentidos!, carregado com todas as falhas lógicas que há, refutado, até mesmo impossível, ainda que seja ousado o bastante para se fingir de real!"

2

Deixo de lado, com a maior respeito, o nome de Heráclito. Enquanto outros povos-filósofos rejeitam o testemunho dos sentidos, porque eles mesmos mostravam multiplicidade e mudança, rejeitam-no, pois querem mostrar coisas como se tivessem duração e unidade. Heráclito também injustiçou os sentidos. Eles não mentem da maneira como os eleatas acreditam, nem da maneira como ele acreditava – eles, essencialmente, não mentem. O que fazemos de seu testemunho é que cai na mentira, por exemplo, a união, a objetividade, a substância, a duração... A "razão" é o motivo de falsearmos o testemunho dos sentidos. Na mesma medida em que os sentidos mostram o vir a ser, o evanescer, o crescer, eles não mentem... Porém, Heráclito sempre estará certo ao dizer que o Ser não passa de uma ficção oca. O mundo "aparente" é o único: o mundo real é apenas uma mentira...

3

– E que ferramenta refinada de observação temos em nossos sentidos! Esse nariz, por exemplo, que ainda nenhum filósofo falou com reverência e gratidão, é, até então, o instrumento mais delicado em nosso alcance: ele percebe as mínimas alterações que nem mesmo o próprio espectroscópio é capaz de perceber. Hoje possuímos tanta ciência quanto aceitamos o testemunho dos sentidos – enquanto ainda o afiamos, o armamos, aprendendo a pensar até o fim. O resto é deformidade e ainda-não-ciência: quer dizer, metafísica, teologia, psicologia, teoria do conhecimento. Ou ciência formal, teoria dos signos: como a lógica e aquela lógica aplicada, a matemática. Neles, a realidade não se evidencia sequer como problema; tampouco se pergunta o valor de uma convenção de sinais, como a lógica é.

4

A outra idiossincrasia dos filósofos não é menos perigosa: ela consiste em trocar o último com o primeiro. Eles colocam no início o que vem no fim – que pena! Então não deveria nem vir! –, os "conceitos mais elevados", ou seja, os mais universais, os conceitos mais vazios, a última fumaça de uma realidade que se evapora no começo, como começo. Isso é, novamente, apenas a expressão de sua forma de venerar: o mais alto não pode crescer do mais baixo, nem sequer deveria ter crescido... Moral: tudo o que é de primeira ordem precisa ser *causa sui*. A origem de algo diferente é uma objeção, um questionamento de valor. Todos os valores maiores são de primeira ordem, todos os mais altos conceitos, o Ser, o incondicionado, o bom, o verdadeiro, o perfeito – tudo aquilo que não pode se tornar deve ser *causa sui*. No entanto, a totalidade não pode se diferenciar de si, não pode estar em contradição consigo mesma... Assim, os filósofos têm seu estupendo conceito de "Deus"... O último, mais tênue, mais vazio, é colocado como primeiro, como uma causa em si, como *ens realissimim*[10]... Imagine que a humanidade deve levar a sério a teia desses doentes mentais! – E pagou caro por isso!

5

– Vamos finalmente colocar em contraposição de que maneira distinta nós (digo nós por educação) consideraremos o problema do erro e da aparência. Antigamente, utilizava-se da alteração, da mudança, do vir a ser como principal prova de aparência, como um sinal de que deve haver algo que nos leva ao erro. Hoje, vemos, por outro lado, até onde o preconceito-razão nos força união, identidade, duração, substância, causa, objetividade, ser. Nós nos vemos estabelecidos nos emaranhados no erro, levados ao erro; estamos tão confiantes com base em uma

---

10 Ente realíssimo (tradução nossa).

verificação rigorosa de que aqui está o erro. Isso não é diferente do movimento dos grandes astros: para eles, o erro está em nossos olhos, aqui está nossa defesa consistente. A fala tem sua origem nos tempos da forma mais rudimentar da psicologia: entramos em um fetichismo grosseiro quando tomamos consciência de conceitos basais da metafísica da linguagem, ou seja, da razão. Ela vê, por todo lado, agentes e ações: acredita no desejo como causa principal; acredita no "Eu", no Eu como Ser, no Eu como substância, e projeta a crença no Eu-substância em todas as coisas – assim se cria o conceito "coisa"... O Ser é, por todo lado, pensado, imputado como causa; à concepção do Eu segue-se, como uma derivação, o conceito de Ser... No início está a grande tragédia do erro de que a vontade é algo que age, uma capacidade... Hoje sabemos que é apenas uma palavra... Muito mais tarde, em um mundo mil vezes mais esclarecido, a confiança, a certeza subjetiva no manejo das categorias da razão, veio com espanto à consciência dos filósofos: eles concluíram que estas não poderiam ter provido do empírico – todo o mundo empírico estava em contradição a eles. Então, de onde elas provêm? – E na Índia, assim como na Grécia, cometeram o mesmo erro: "Devemos ter outrora sido parte de um mundo mais elevado (em vez de um muito mais baixo: o que poderia ser verdade!), nós devemos ter sido divinos, pois possuímos a razão!"... Na realidade, nada, até agora, teve um discurso tão ingênuo quanto o erro do Ser, como, por exemplo, foi formulado pelos eleatas: afinal, ele tem para si cada palavra, cada frase que falamos! Mesmo os opositores aos eleatas sucumbiram à sedução de seu conceito de Ser: Demócrito, entre outros, quando criou o Átomo... A "Razão" na fala: ora, que velha ardilosa! Receio que não nos livraremos de Deus, porque ainda acreditamos na gramática...

6

Serão gratos para comigo quando eu resumir uma visão tão essencial, tão nova em quatro teses: eu facilitarei a compreensão e desafiarei oposições.

Primeira tese. O motivo pelo qual "este" mundo foi chamado de aparente fundamenta muito mais sua realidade – um outro tipo de realidade é absolutamente indemonstrável.

Segunda tese. Os atributos dados ao "verdadeiro Ser" das coisas são os atributos do não Ser, do nada. O "Mundo verdadeiro" foi construído em contradição ao mundo real: um mundo aparente, de fato, de forma que é apenas uma ilusão moral-óptica.

Terceira tese. Falar de um "outro" mundo como os das fábulas não faz nenhum sentido, visto que nenhum instinto de difamação, menosprezo ou suspeita da vida tem poder sobre nós. Neste último, nos vingamos da vida com uma fantasmagoria de uma "outra", uma "melhor" vida.

Quarta tese. Dividir o mundo em "verdadeiro" e "aparente", seja no jeito cristão, seja no jeito de Kant (um cristão dissimulado, afinal), é apenas uma sugestão de decadência – um sintoma da vida em decadência; que o artista valorize muito mais o aparente à realidade não é nenhuma oposição a esta tese. Pois "a aparência" significa, aqui, mais uma vez a realidade, uma seleção, um reforço, uma correção... O artista trágico não é pessimista – ele diz sim para tudo o que é questionável e aterrorizante em si, ele é dionisíaco...

IV. O PORQUÊ DE O "MUNDO VERDADEIRO" SER UMA FÁBULA

HISTÓRIA DE UM ERRO

1

O mundo verdadeiro é alcançável ao sábio, ao piedoso e ao virtuoso – ele vive nele, ele o é.

(A mais antiga forma da ideia, relativamente inteligente, simples, convincente. Paráfrase de "Eu, Platão, sou a verdade".)

2

O mundo verdadeiro, inalcançável por ora, mas prometido ao sábio, ao piedoso e ao virtuoso ("para o pecador que se arrepende").

(Progresso da ideia: ela fica mais sutil, mais atraente, mais incompreensível – ela se torna feminina, cristã...)

3

O mundo verdadeiro, inalcançável, indemonstrável, inapreensível, mas, ainda assim, pensar nele é um consolo, uma redenção, um imperativo.

(Essencialmente, o velho Sol, mas através de névoa e ceticismo; a ideia se tornou sublime, pálida, nórdica, konigsbergiana.)

4

O mundo verdadeiro – alcançável? Por enquanto inalcançado. E, como inalcançado, também desconhecido. Por conseguinte, não é consolo, redenção, imperativo: como poderia algo desconhecido nos obrigar?

(Manhã cinzenta. Primeiro bocejo da razão. Canto de galo do positivismo.)

5

O "mundo verdadeiro" – uma ideia que a nada mais serve, nem sequer é imperativa – uma ideia que se tornou desnecessária, supérflua; portanto uma ideia refutada: vamos eliminá-la!

(Dia claro; café da manhã; retorno do bom senso e da alegria; ruborização de Platão; tumulto infernal de todos os espíritos livres.)

6

O mundo verdadeiro é eliminado: que mundo nos sobra? Talvez o aparente? Mas não! Com a eliminação do mundo verdadeiro, precisamos também eliminar o aparente!

(Meio-dia; instante da menor sombra; fim do mais longo equívoco; ponto alto da humanidade; *INCIPIT ZARATHUSTRA*[11].)

---
11 Começa Zaratustra (tradução nossa).

V. MORAL COMO ANTINATURAL

1

Toda paixão tem um tempo em que simplesmente é desastrosa, quando arrasta suas vítimas para baixo com o peso da estupidez – e mais tarde, muito mais tarde, quando se casam com espírito, "espiritualizam-se". Antigamente, fazia-se, devido à estupidez da paixão, uma guerra contra ela: conspirava-se para sua destruição – todos os velhos monstros da moral estão de acordo, "*il faut tuer les passions*"[12]. A mais conhecida fórmula para tal encontra-se no Novo Testamento, no sermão da montanha, no qual, a propósito, as coisas não foram observadas do alto. Aí, por exemplo, diz-se da sexualidade "se o teu olho se ofende, arranca-o": por sorte, nenhum cristão segue essa regra. Destruir paixões e desejos para evitar a estupidez e as consequências desagradáveis de sua estupidez parece-nos, hoje, simplesmente uma forma aguda da estupidez. Já não nos impressionamos mais com os dentistas que arrancam os dentes para que não causem mais dor... Com certa justiça, por outro lado, no chão onde cresceu o cristianismo, o termo "espiritualização da paixão" absolutamente não podia ser concebido. A primeira igreja lutou, como é sabido, contra os "inteligentes" pelos "pobres de espírito": como poderíamos esperar

---

12 É necessário matar as paixões (tradução nossa).

dela uma guerra inteligente contra a paixão? – A igreja lutou contra a paixão com a extirpação em todos os sentidos: sua prática, sua "cura" é o castracionismo. Nunca se questiona: "Como espiritualizar, embelezar, divinizar um desejo?" Em todo momento, enfatiza-se a disciplina da erradicação (da sensualidade, do orgulho, da ambição, da ganância, da vingança) – mas atacar as paixões pela raiz significa atacar a vida pela raiz: a prática da igreja é inimiga da vida...

2

O mesmo método, extirpação, erradicação, é instintivamente escolhido por aqueles que lutam contra o desejo, aqueles que são demasiado fracos de vontade, demasiado degenerados para poderem impor um limite a si: para aquelas naturezas que necessitam de La Trappe[13], fazendo figurativamente (e não figurativamente) alguma declaração de inimizade, um vão entre si e a paixão. O método radical é indispensável apenas para os degenerados; a fraqueza de vontade ou, mais exatamente, a incapacidade de reagir a um estímulo, é apenas uma outra forma de degenerescência. A inimizade radical, mortal contra a sensualidade, permanece como um sintoma considerável: temos, portanto, direito de fazer suposições sobre a condição geral de uma pessoa excessiva.

---

13 Monastério francês, sede da ordem dos monges trapistas, praticantes de um grande rigor a normas.

Aliás, qualquer inimizade, qualquer ódio atingem seu ápice quando tais naturezas não têm força suficiente para realizar uma cura radical, para renunciar seu "diabo". Pode-se ver toda a história dos padres e filósofos, inclusive dos artistas: o mais venenoso contra os sentidos não se diz dos impotentes, nem dos ascetas, apenas dos inviáveis ascetas, daqueles que possuem a necessidade de serem ascetas...

3

A espiritualização da sensualidade se chama amor: um grande triunfo sobre o cristianismo. Outro triunfo é a espiritualização da inimizade. Consiste em compreender o profundo valor que existe em ter inimigos: de forma resumida, em agir e concluir em oposição ao que agia e concluía. A igreja queria a todo momento a destruição de seu inimigo: nós, nossos imoralistas e os anticristãos, vemos que é vantajosa a existência da igreja... Mesmo na política, a inimizade se tornou agora espiritual – muito mais astuta, reflexiva, cuidadosa. Quase todo partido compreende que é de seu interesse de autopreservação que o partido da oposição não venha ao poder; o equivalente vale para a grande política. Uma nova criação, algo como um novo império, tem mais necessidade de inimigos do que de amigos: em oposição é que se sente sua necessidade... Não é diferente de como lidamos com o "inimigo interior": também espiritualizamos a inimizade, é aí que compreendemos seu valor. Só se é frutífero ao preço de ser rico em oposição; permanece-se jovem sob a condição de que a alma não se estenda, não anseie pela paz... Nada é mais estranho para nós do que aquele desejo de outrora, o da "paz da alma", o desejo cristão; nada nos dá menos inveja do que a vaca moral e a gorda felicidade da boa consciência. O homem abandonou a grande vida ao abandonar a guerra... Em muitos casos, a "paz da alma" é apenas um erro de compreensão – algo diferente que não se consegue nomear honestamente. Alguns casos, sem rodeios e preconceitos. A "paz da alma" pode, por exemplo, ser a suave transmutação de uma rica animalidade na moral (ou religiosidade). Ou o princípio de um cansaço, a primeira sombra que o entardecer ou qualquer tipo de entardecer projeta. Ou um sinal de que o ar está úmido porque os ventos do sul se aproximam. Ou a gratidão inconsciente por uma feliz digestão (às vezes chamada de "amor humano"). Ou o repouso de uma pessoa em recuperação, para quem todas as coisas têm um sabor novo e a esperam... Ou o estado em que uma forte satisfação sucede nossa paixão dominante, a sensação de uma saciedade rara. Ou a fraqueza de nossas vontades, nossos desejos, nossos vícios. Ou a preguiça, convencida pela vaidade, adornando-se pela moralidade. Ou a chegada de uma notícia, mesmo que terrível, depois de uma longa tensão e tortura do desconhecimento. Ou a expressão da experiência e maestria no método da criação, do trabalho, do desejo; a calma respiração, a "liberdade do desejo" é alcançada... Crepúsculo dos ídolos: quem sabe? Talvez também apenas um tipo de "paz da alma"...

4

– Trago um princípio em fórmula. Cada naturalismo na moral, quer dizer, cada moral saudável é dominada por um instinto de vida – qualquer mandamento da vida é cumprido por um certo cânone de "deveria" ou "não deveria"; assim, qualquer inibição e hostilidade no decorrer da vida é deixada de lado. A moral antinatural, quer dizer, quase qualquer moral que foi, até agora, ensinada, reverenciada e pregada volta-se diretamente contra os instintos da vida – é uma condenação, ora velada, ora estrondosa e ousada desses instintos. Ao dizerem "Deus vê o coração", dizem não aos menores e maiores desejos da vida e colocam Deus como inimigo da vida... O santo pelo qual Deus se apega é o castrado ideal... A vida termina onde o "reino de Deus" começa...

5

Supondo que se tenha compreendido que é um sacrilégio tal rebelião contra a vida, como ela se tornou quase sacrossanta na moral cristã, então também, por sorte, há de se ter compreendido outra coisa: a desnecessidade, aparência, absurdidade, falsidade de tal rebelião. Uma condenação da vida por parte do vivo continua sendo apenas um sintoma de determinado tipo de vida; se é certo ou errado, nem sequer se questiona. Seria necessária uma visão externa da vida e, por outro lado, conhecê-la tão bem como alguém, como muitos, como todos que a viveram a fim de poder abordar o valor da vida: motivos suficientes para entender que o problema é inacessível. Quando falamos de valor, falamos sob a inspiração, sob a ótica da vida: a própria vida nos obriga a definir os valores, a própria vida valoriza, através de nós, quando definimos valores... O que se sucede também é aquela antinatureza da moral, por meio da qual Deus é entendido como contraposição e condenação da vida, que não passa de um julgamento – qual vida? Qual tipo de vida? Mas eu já dei a resposta: o declínio, o enfraquecimento, o cansaço, a condenação da vida. A moral, como tem sido entendida até agora – como foi formulado por Schopenhauer, "negação da vontade de viver" –, é o próprio instinto de decadência, que se faz um imperativo: "pereça!"; é a julgadora dos condenados...

6

Finalmente consideramos ainda de qual ingenuidade se trata dizer: "Desse e desse jeito devem ser os homens!". A realidade nos mostra uma riqueza encantadora de tipos, uma exuberância de um jogo de mudança de formas; e algum moralista mesquinho diz: "Não! O homem deveria ser diferente"... Ele sabe mesmo como deveria ser, esse ébrio e rabugento; ele se pinta na parede e diz "ecce homo!"[14]... Porém, mesmo quando o moralista simplesmente se dirige ao indivíduo e diz "você deve ser desse e desse jeito!", não percebe como se faz de piada. O indivíduo é

---
14 Eis um homem!

um pedaço do destino, pela frente e por trás, uma lei a mais, uma necessidade a mais para tudo o que virá e será. Dizê-lo "altere-se" significa pedir que tudo de si seja alterado, ainda que para trás... E realmente há moralistas consequentes, eles queriam o homem diferente, virtuoso; eles o queriam à sua imagem, ou seja, rabugentos: para isso negam o mundo! Nada de pequena loucura! Nada de modesto tipo de imodéstia! A moral, na medida em que condena em si, não por considerações, preocupações ou intenções da vida, é um erro específico com o qual não se deve ter compaixão, uma idiossincrasia de degenerados que causou um dano imensurável! Nós outros, nós imoralistas, por outro lado, abrimos nossos corações para todo tipo de entendimento, compreensão, aceitação. Não negamos levianamente, buscamos nossa honra em sermos afirmativos. Cada vez mais abrimos os olhos para aquela economia que ainda precisa e sabe utilizar o que a santa loucura, a doentia razão dos sacerdotes rejeita para aquela economia na lei da vida que tira proveito mesmo dos repugnantes rabugentos, sacerdotes e virtuosos – que proveitos? Mas nós mesmos, imoralistas, somos a resposta aqui...

VI. OS QUATRO GRANDES ERROS

1.

O erro de confundir causa e consequência. – Não há erro mais perigoso do que confundir a consequência com a causa: eu digo que é a própria corrupção da razão. No entanto, tal erro pertence aos mais antigos e mais novos hábitos da humanidade: ele nos é até mesmo sagrado, porta o nome de "religião" e "moral". Cada frase que a religião e a moral formulam o comete; padres e legisladores são os hospedeiros dessa corrupção da razão. Por exemplo: qualquer um conhece o livro do famoso Cornaro[15], no qual ele recomenda uma dieta restrita como receita para uma longa e feliz vida – também virtuosa. Poucos livros foram tão lidos, ainda hoje, na Inglaterra; imprimem-se milhares de exemplares anualmente. Eu não duvido de que quase nenhum livro (excluindo, para ser justo, a Bíblia) causou tanto dano e encurtou tantas vidas quanto esse tão bem-intencionado *curiosum*. A razão para isso: confusão da consequência com a causa. O honesto italiano via, em sua dieta, a causa para sua vida longeva; porém, a extraordinária lentidão de seu metabolismo e a baixa necessidade do organismo eram a causa de sua dieta restrita. Ele não tinha a liberdade de escolher comer pouco ou muito, sua frugalidade não era uma "liberdade de escolha": ele ficava

---

[15] *Discorsi dela vita sóbria* (1588) ou *Discurso sobre a vida sóbria* (tradução nossa).

doente quando comia mais. Porém, quem não for uma carpa[16] não apenas bem em comer de forma apropriada, mas também tem necessidade disso. Um estudioso dos nossos dias, com sua rápida necessidade de energia, morreria caso seguisse o regime de Cornaro. *Crede experto*[17].

2

A fórmula geral que cada religião e moral se baseiam é: "Faça isso e isso – então será feliz! Caso contrário...". Cada moral, cada religião possui esse imperativo – eu o chamo de grande pecado original da razão, a infinda insensatez. Em minha boca, essa fórmula é invertida. Primeiro exemplo da minha "transvaloração de todos os valores": uma pessoa bem-sucedida, um "feliz", deve realizar certas ações e se abster instintivamente de outras; ele carrega a ordem que se representa fisiologicamente em sua relação com pessoas e objetos. Formulando: sua virtude é consequência de sua felicidade... Vida longa e uma rica descendência não são recompensas de sua virtude; esta é, ao contrário, a desaceleração do metabolismo que, entre outras coisas, também tem como consequência uma vida longa, uma rica descendência; em suma, o cornarismo. A igreja e a moral dizem: "Uma raça, um povo será destruído através do vício e da soberba". Minha razão restaurada diz: se um povo caminha para a destruição, uma degeneração fisiológica,

---

16 Carpas não têm dentes, por isso Nietzsche as menciona.
17 Creia no perito (tradução nossa).

terá como consequência o vício e a soberba (ou seja, uma necessidade cada vez mais forte e frequente, assim como o sabe toda natureza exaurida). Esse jovem homem se torna pálido e fraco cedo. Seus amigos dizem: "Isto é culpa da doença". Eu digo: que ele tenha ficado doente, que ele tenha sido incapaz de resistir à doença já é consequência de uma vida empobrecida, uma exaustão hereditária. O leitor do jornal diz: "Este partido está se destruindo por conta deste erro". Minha política superior diz: um partido que comete tais erros já está em seu fim – perdeu sua segurança instintiva. Cada erro em qualquer sentido é consequência da degeneração do instinto, da desagregação da vontade; com isso, pode-se definir o ruim. Tudo o que é bom é instinto – e, consequentemente, leve, necessário, livre. A fadiga é uma objeção, e o deus é tipicamente diferente dos heróis (na minha língua: os pés leves são o primeiro atributo da divindade).

3

Erro de uma falsa causalidade. – Em todos os tempos, o homem acreditou saber o que é uma causa: mas de onde veio tal conhecimento, ou melhor, nossa crença em sabê-lo? Do domínio dos famosos "fatos internos", dos quais nenhum se mostrou factual. Acreditávamos ser a causa do ato da vontade; ao menos, pensávamos identificar causalidade aí. Ao mesmo tempo, não havia dúvida de que todo antecedente de uma ação e suas causas deveriam ser procurados na consciência e lá encontrados quando se procura – como "motivo"; caso contrário, não seríamos livres, nem responsáveis. Finalmente, quem negaria que um pensamento foi causado? Que eu causei o pensamento? Desses três "fatos internos", que aparentam garantir a causalidade, o primordial e mais convincente é a vontade como causa; a concepção de uma consciência ("espírito") como causa e, mais tarde, o Eu ("sujeito") como causa surge, depois que a causalidade da vontade for estabelecida como empírica. Entretanto, pensamos melhor. Hoje, não acreditamos em qualquer palavra disso tudo. O "mundo interno" é cheio de ilusões e fogos-fátuos: a vontade é um destes. A vontade não move mais nada, portanto também não explica mais nada – ela simplesmente acompanha, mas também pode se ausentar. O tal "motivo": um outro erro. Apenas um fenômeno superficial da consciência, um efeito colateral da ação que ainda oculta o antecedente de um ato em vez de revelá-lo. E o Eu então? Tornou-se uma fábula, uma ficção, um jogo de palavras: parou completa e absolutamente de pensar, sentir e querer! O que se sucede? Absolutamente não existem causas espirituais! Toda a suposta empiria vai para os diabos! Isso que se sucede! – E nós fizemos mau uso com essa tal "empiria", nós criamos o mundo como um mundo de causas, como um mundo de vontades, como um mundo de espíritos. A mais velha e duradoura psicologia estava em ação aqui, ela não fez absolutamente mais nada: todo acontecimento era uma ação para ela, toda ação sucedia uma vontade, o mundo era uma pluralidade de atores, e um ator (um "sujeito") era submisso a tudo o que acontecia. O homem projetou seus três "fatos internos", aquilo que ele mais fortemente acreditava: a vontade, o espírito, o Eu. Primeiro, tirou o conceito Ser do conceito Eu e colocou o "objeto" como existente à sua imagem, segundo seu conceito de Eu enquanto causa... E até mesmo seu átomo, senhores mecanicistas e físicos, quanto erro, quanta psicologia rudimentar ainda está presente no seu átomo! – Absolutamente sem falar da "coisa em si", do *horrendum pudendum*[18] dos metafísicos! A confusão do erro do espírito como causa em relação à realidade! E feito na medida da realidade! E chamado de Deus!

4

Erro das causas imaginárias. – Começando do sonho: uma determinada sensação, por exemplo, consequência de um disparo distante de canhão, é posteriormente atribuída a uma causa (com frequência um pequeno romance no qual o sonhador é o protagonista). A sensação continua em algum tipo de ressonância: espera-se, por assim dizer, até que o instinto de causa o permita regressar – agora não mais como coincidência, mas como "sentido". O disparo de canhão aparece de maneira causal, em uma aparente inversão do tempo. O que vem depois, a motivação, é vivido primeiro, frequentemente com centenas de detalhes que passam de súbito; em seguida, o tiro... O que aconteceu? As representações que uma certa sensação

---

18 Vergonha horrenda (tradução nossa).

gerou foram mal compreendidas como causa. – De fato, quando acordados, fazemos o mesmo. A maioria de nossos sentimentos gerais – cada tipo de bloqueio, pressão, tensão, explosão no jogo e contra jogo do órgão, como particularmente na condição do nervo simpático – desperta nosso instinto de causa: queremos ter um motivo para nos sentirmos de tal e tal forma – sentirmo-nos mal ou bem. Nunca nos basta simplesmente constatar o fato de que nos sentimos de tal e tal forma: só aceitamos isso – tornamo-nos ciente dele – quando damos a isso algum tipo de motivação. – A memória que, nesses casos, entra em atividade sem que saibamos evoca condições anteriores de um mesmo tipo e interpretações causais a elas associadas – não suas verdadeiras causas. A crença, no entanto, de que as representações, os processos de consciência concomitante tenham sido causa, na verdade, inibe e exclui a investigação desta.

5

Explicação psicológica. – Reduzir algo de desconhecido a algo conhecido alivia, acalma, satisfaz e também dá uma sensação de poder. Com o desconhecido há o perigo, a inquietação; ele traz preocupação. O primeiro instinto é eliminar essas situações desagradáveis. Primeiro princípio: uma explicação qualquer é melhor do que nenhuma. Como, essencialmente, trata-se apenas de um desejo de se livrar de ideias opressoras, não se é particularmente rigoroso no método de livramento:

a primeira ideia em que se explica o desconhecido com o conhecido o faz tão bem, que o "toma como verdade". Prova do prazer ("o poder") como critério para a verdade. – O instinto de causalidade é, portanto, condicionado e despertado pelo terror. O "por quê?" não deve, se possível, dar tanto a causa por si só, mas um tipo de causa – uma calmante, libertadora e aliviadora. Então algo já conhecido, vivido, gravado na memória é definido como causa, é consequência imediata da necessidade. O novo, o não vivido, o estranho é removido como causa. – Não é, portanto, procurado somente um tipo de explicação como causa, mas um tipo seleto e privilegiado de explicação, o qual mais rápido e frequentemente tenha removido o sentimento de estranheza, novidade e não vivência – as explicações mais comuns. – Consequência: um tipo de estabelecimento de causas sobressai cada vez mais se concentrando sistematicamente e enfim evidenciando uma dominante, ou seja, outras causas e explicações são apenas eliminadas. – O banqueiro pensa imediatamente em "negócios"; o cristão, em "pecado"; a menina, em seu amor.

6

Todo o âmbito da moral e religião pertence ao conceito de causas imaginárias. – "Explicação" dos sentimentos gerais desagradáveis. Estes são trazidos por seres que nos são hostis (espíritos malignos: o caso mais conhecido – o mal-entendido de histéricas serem vistas como bruxas). São ações que não podem ser aprovadas (o sentimento do "pecado", a "pecaminosidade" atribuída a um mal-estar fisiológico – as pessoas sempre encontram motivos para ficar descontentes consigo). São punições, retribuição por algo que não deveríamos ter feito, que não deveríamos ser (uma forma impudente, generalizando Schopenhauer em uma frase. Segundo ele, a moral aparenta o que é, como verdadeira envenenadora e caluniadora da vida: "Toda dor maior, seja corporal ou espiritual, indica o que merecemos; pois ela não poderia vir a nós se não merecêssemos" (*O mundo como vontade e representação*, II, 666). São consequências de ações impensadas, malogradas (os afetos, os sentidos como causa, como "culpa" estabelecida; necessidades fisiológicas interpretadas como "merecidas", com a ajuda de outras necessidades). – "Explicação" dos sentimentos gerais agradáveis. Eles são trazidos por confiança em Deus. São a consciência de boas ações (a dita "boa consciência", um estado fisiológico que, às vezes, assemelha-se com uma digestão feliz). São um feliz resultado dos empreendimentos (falácia ingênua: o feliz resultado de um empreendimento não cria sentimentos gerais agradáveis para um hipocondríaco ou um pascal). São fé, amor, esperança – as virtudes cristãs. – Na verdade, todas essas supostas explicações são consequências, o equivalente a traduções de sentimentos de prazer e desprazer em um falso dialeto: fica-se em posição de esperança, porque o sentimento fisiológico basal é forte e rico; acredita-se em Deus porque o sentimento de plenitude e força traz a paz. A moral e a religião pertencem total e absolutamente à psicologia do erro: em cada situação causa e efeito são confundidos; ou a verdade é confundida com o efeito da verdade em que se acredita; ou um estado de consciência é confundido com a causalidade desse estado.

7

Erro do livre-arbítrio. – Hoje, não temos piedade do conceito "livre-arbítrio": nós sabemos muito bem o que ele é – a peça teológica mais infame que existe, com o objetivo de tornar o homem responsável pelos seus sentidos, quer dizer, torná-lo dependente deles... Ofereço aqui apenas a psicologia de toda responsabilização. – Onde quer que se busquem responsabilidades, costuma haver o instinto da punição e do julgamento. Despiu-se o tornar de sua inocência quando qualquer tal e tal Ser é retornado à vontade, à intenção, ao ato de responsabilidade. O ensinamento da vontade foi essencialmente criado com o intuito de punir, quer dizer, vontade de achar culpados. Toda a velha psicologia, a psicologia da vontade, tem como premissa de que seus autores, os sacerdotes à frente das velhas comunidades, queriam criar para si o direito de punir – ou queriam criar um direito para Deus... Os homens foram pensados "livres" para poderem ser julgados, punidos – para poderem ser culpabilizados: consequentemente, cada ação precisava ser pensada como desejada, a origem de cada ação deveria se encontrar na consciência (– através da qual a falsificação mais basal da psicologia se tornou um princípio da própria psicologia...). Hoje, quando entramos no sentido oposto, quando nós, imorais, com todas as nossas forças buscamos remover o conceito de culpa e o conceito de punição da Terra e da psicologia, da história, da natureza, das instituições e das sanções sociais, em nossos olhos não há oposição mais radical do que a dos teólogos que continuam com o conceito de "ordem mundial moral", de manchar a inocência do Ser com "punição" e "culpa". O cristianismo é a metafísica do carrasco...

8

O que podem ser nossos ensinamentos? Que ninguém dá ao homem suas qualidades, seja Deus, a sociedade, seus pais e antepassados ou ele mesmo (– o absurdo da ideia aqui rejeitada foi ensinado como "liberdade inteligível" por Kant, talvez também por Platão). Ninguém é responsável por isto, por estar aqui, por ser criado de tal e tal forma, por estar nestas circunstâncias, neste ambiente. A fatalidade de seu ser não pode ser retirada da fatalidade de tudo aquilo que foi e ainda virá. Não é consequência de uma intenção, de uma vontade, de um objetivo, não busca atingir um "ideal de homem", um "ideal de felicidade" ou um "ideal de moralidade" – é absurdo querer reduzir seu ser a algum propósito. Nós criamos o conceito "propósito": na realidade, há uma falta de propósito... Somos necessários, somos uma parte do destino, pertencemos ao Todo, estamos no Todo. – Não há nada que possa julgar, medir, comparar, condenar nosso Ser, senão isso seria julgar, medir, comparar, condenar o Todo... Mas não há nada fora do Todo! Que ninguém seja feito responsável, que os tipos de Ser não devam ser reduzidos a uma *causa prima*, que o mundo não seja uma unidade como *sensorium* ou como "espírito", essa é a grande libertação. Só assim a inocência de se tornar será restaurada... O conceito "Deus" tem sido, até agora, o maior impedimento à existência... Rejeitamos Deus, rejeitamos a responsabilidade em Deus: só assim redimimos o mundo.

VII. OS "MELHORADORES" DA HUMANIDADE

1

É conhecida minha exigência ao filósofo, de se colocar além do bem e do mal – ter abaixo de si a ilusão do julgamento moral. Essa exigência é consequência de uma intuição que formulei uma vez: absolutamente não existem fatos morais. O julgamento moral tem em comum com o pensamento religioso estabelecer realidades que não existem. A moral é apenas a interpretação de certos fenômenos, ou melhor, um erro de interpretação. O julgamento moral pertence, como o religioso, a um nível de desconhecimento em que o conceito de real e a diferença entre real e imaginário ainda estão ausentes: de modo que a "verdade" de tal nível designa coisas que hoje chamamos de "imaginação". O julgamento moral não deve, portanto, ser tomado ao pé da letra, já que sempre contém absurdos. Mas continua inestimável como semiótica: revela, ao menos para os entendedores, a realidade valiosa das culturas e interioridades das quais não sabem o suficiente para "compreender". A moral é apenas um código, uma sintomatologia: é preciso saber do que se trata para fazer uso dela.

2

Um primeiro exemplo, totalmente preliminar. Em todos os tempos buscou-se "melhorar" o homem: isso, antes de tudo, se chamava moral. Mas, sob uma mesma palavra, estão escondidas diversas tendências. Tanto a domesticação da besta humana quanto a criação de uma determinada espécie humana são chamadas de "melhoria": apenas esses termos zoológicos expressam realidades – realidades, aliás, sobre as quais o típico "melhorador", o sacerdote, nada sabe, nem quer saber... Chamar a domesticação de um animal de "melhoria", aos nossos ouvidos, é quase uma piada. Quem sabe o que se passa em adestramentos duvida de que a besta tenha sido "melhorada". Ela é enfraquecida, é feita menos perigosa através do afeto depressivo do medo, da dor, do ferimento, da fome; torna-se uma fera doente. – O homem domesticado não é diferente, aquele que o sacerdote "melhorou". Na alta Idade Média, quando na verdade a igreja era, antes de tudo, um adestramento, caçavam-se por todo lado os mais belos exemplares de "feras loiras" – "melhoravam-se", por exemplo, os nobres germânicos. Mas como aparentavam esses germânicos "melhorados" que foram atraídos ao mosteiro? Como uma caricatura de humano, como uma aberração: tornaram-se "pecadores", estavam trancados dentro de um conceito de uma terrível jaula... Lá cada indivíduo ficou doente, miserável, malicioso consigo mesmo; cheio de ódio contra os impulsos da vida, cheio de suspeitas sobre tudo o que ainda era forte e feliz. Em suma, um cristão... Falando fisiologicamente, na luta contra a fera, deixar doente pode ser o único método para deixá-la fraca. A igreja entendeu isso: ela corrompeu o homem, o enfraqueceu – mas afirmou tê-los "melhorado"...

3

Tomemos outro caso de tal moral, o da criação de uma determinada raça e espécie. O maior exemplo para isso é a moral indiana, sancionada como "lei de Manu" para a religião. Eis que se coloca a tarefa de criar não menos do que quatro raças ao mesmo tempo: sacerdotes, guerreiros, comerciantes e agricultores; e, por fim, uma raça de servos, os sudras. Evidentemente, aqui não estamos mais entre os domadores de animais: é preciso um tipo de pessoa cem vezes mais branda e sensata para sequer conceber o plano de tal criação. Sente-se espaço para respirar quando se livra do ar doentio e preso do cristianismo e entra-se em um mundo mais saudável, mais elevado, mais amplo. Quão pobre é o Novo Testamento frente ao Manu, como fede! Mas mesmo essa organização tem a necessidade de ser aterrorizante. Não, dessa vez, na luta contra a fera, mas contra seu conceito oposto, homem não criado, o homem misturado, o chandala. E, novamente, não havia outro método de torná-lo inofensivo, de torná-lo fraco, senão fazê-lo doente – era a guerra contra o "grande número". Talvez não haja nada mais oposto aos nossos sentimentos do que essa medida defensiva da moral indiana. O terceiro édito, por exemplo (Avadana-Sastra 1), "sobre os vegetais impuros", decreta que os únicos alimentos que devem ser permitidos aos chandalas são o alho e a cebola, considerando que a escritura sagrada proíbe os grãos ou frutos que tenham sementes, água ou fogo. O mesmo édito estabelece que a água, da qual se tem necessidade, não deve vir de rios, nem de nascentes, nem mesmo de lagos, apenas dos pântanos e das poças criadas pelas pegadas de animais. Da mesma forma, é proibido a eles banhar-se ou lavar roupas, já que a água que lhes é dada por misericórdia é apenas para matar a sede. Por fim, há uma proibição das de mulheres sudra assistirem ao parto de mulheres chandalas; ainda existe uma proibição mútua à assistência... A consequência de tais policiamentos sanitários não tardou: epidemias assassinas, doenças venéreas e, novamente, "a lei da faca", ordenando a circuncisão de meninos e a remoção dos pequenos lábios para meninas. – O próprio Manu diz: "Os chandalas são fruto de adultério, incesto e crime (– essa é a consequência necessária do conceito de criação). Eles devem ter como vestimenta apenas os trapos de cadáveres; como adorno, os ferros velhos; como fé, apenas os espíritos malignos; eles devem vagar sem sossego de um lugar ao outro. É proibido a eles escrever da esquerda para a direita, assim como usar a mão direita para escrever: o uso da mão direita e da escrita da esquerda para a direita são reservados aos virtuosos, às pessoas de raça".

4

Essas disposições são esclarecedoras o suficiente: nelas encontramos, em primeiro lugar, a humanidade ariana, completamente pura e primordial – aprendemos que o conceito de "sangue puro" é o contraponto de um conceito inofensivo. Por outro lado, fica claro em qual povo se perpetuou o ódio de chandala a essa "humanidade", tornando-se religião, gênio... Sob esse ponto de vista, os evangelhos são documentos de primeira ordem; ainda mais o livro de Enoque. – O cristianismo, de raiz judaica, apenas compreensível como produto daquele solo, coloca-se como movimento de oposição a qualquer moral de criação, de raça, de privilégio: é a religião antiariana por excelência; o cristianismo é a inversão de todos os valôres arianos, a vitória dos valores chandala, o evangelho que os pobres e os humildes pregam, a rebelião total dos oprimidos, miseráveis, fracassados, deserdados contra a "raça" – a imortal vingança chandala como religião do amor...

5

A moral da criação e a moral da domesticação são, em seus meios de se imporem, dignas uma da outra: nós podemos estabelecer como princípio maior que, para fazer a moral, é preciso ter a incondicional vontade de oposição. Esse é o grande, o inquietante problema que há muito tenho perseguido: a psicologia dos "melhoradores" da humanidade. Um fato pequeno e, essencialmente, modesto, a tal *pia fraus*[19], deu-me o primeiro acesso a esse problema: a herança de todos os filósofos e sacerdotes que "melhoraram" a humanidade. Nem Manu, nem Platão, nem confúcio, nem os ensinamentos judeus e cristãos jamais questionaram seu direito à mentira. Eles não questionaram muitos outros direitos... Em fórmula, pode-se dizer: todos os métodos pelos quais, até agora, a humanidade tentou se tornar moral são fundamentalmente imorais.

---

19 Mentira piedosa (tradução nossa).

VIII. O QUE FALTA AOS ALEMÃES

1

Entre os alemães de hoje, não basta ter espírito: é preciso tomá-lo, assumir o espírito...

Talvez eu conheça os alemães, talvez eu mesmo possa dizer-lhes algumas verdades. A nova Alemanha representa uma grande quantidade de competências herdadas e ensinadas, de tal forma que pode gastar, generosamente e por um bom tempo, a riqueza acumulada de força. Não é uma alta cultura que se tornou mestre, muito menos um gosto delicado, uma "beleza" nobre dos instintos; mas virtudes mais masculinas que qualquer outro país na Europa pode exibir. Muita coragem e respeito por si, segurança na interação, na reciprocidade dos deveres, muita diligência, muita perseverança – e uma herdada moderação que precisa mais de incentivo do que de impeditivo. Adiciono que aqui ainda se obedece, mas sem a humilhação da obediência... E ninguém despreza seu opositor...

Vê-se que meu desejo é ser justo para com os alemães: não gostaria de ser infiel a isso – portanto, devo também dar-lhes minhas objeções. O preço para chegar ao poder é alto: o poder emburrece... Os alemães – outrora chamaram-nos de povo dos pensadores: será que ainda pensam hoje em dia? –, os alemães, agora, entediam-se com o espírito; os alemães, agora, desconfiam do espírito; a política devora toda a inclinação para coisas verdadeiramente espirituais – "*Deutschland, Deutschland über Alles*" [Alemanha, Alemanha acima de tudo]. Temo que esse tenha sido o fim da filosofia alemã... "Existem filósofos alemães? Existem poetas alemães? Existem bons livros alemães?", me perguntam em outros países. Eu coro, mas com uma bravura que me é característica mesmo em casos desesperadores, respondo: "Sim, Bismarck!". – Poderia eu ao menos admitir quais livros são lidos hoje em dia? Maldito instinto da mediocridade!

2

O que poderia ser o espírito alemão, quem nunca teve pensamentos melancólicos a respeito disso? Mas esse povo se tornou deliberadamente estúpido há quase um milênio: em nenhum outro lugar, os dois grandes narcóticos europeus, álcool e cristianismo, foram tão brutalmente abusados. Recentemente, surgiu até um terceiro, que, sozinho, seria capaz de extinguir toda a fineza e ousadia do espírito: a música, nossa sufocante e entorpecente música alemã. Quanto peso irritadiço, letargia, umidade, robe e quanta cerveja existe na inteligência alemã! Como seria verdadeiramente possível que jovens homens que se dedicam aos objetivos mais espirituais não sintam em si o instinto de autopreservação do espírito – e bebam cerveja? O alcoolismo da juventude instruída talvez não seja ainda uma indagação em relação à sua erudição – é possível ser um grande erudito sem nenhum espírito –, mas em qualquer outro assunto permanece um problema. Onde não se encontraria a suave degeneração que a cerveja traz ao espírito? Certa vez, eu, em uma situação que quase se tornou famosa, apontei uma dessas degenerações – a degeneração de nosso primeiro espírito livre alemão, o inteligente David Strauss, autor de um evangelho do banco de cerveja e de uma "nova crença"... Não foi por acaso que fez seu elogio à "amada loura" em versos – fidelidade até a morte...

3

Eu falei do espírito alemão: que ele ficou grosseiro, que ele se tornou fútil. É o suficiente? – Em essência, é algo totalmente diferente que me assusta: como, cada vez mais, a seriedade alemã, a profundidade alemã, a paixão alemã pelas coisas espirituais estão em declínio. O *páthos* mudou, não simplesmente a intelectualidade. – Eu visito, aqui e ali, universidades alemãs: que atmosfera paira sobre os estudiosos, que desolação, que espiritualidade frugal e morna se estabeleceu! Seria um profundo mal-entendido, se quisessem, aqui, contrapor-me com ciência alemã – e, além do mais, provaria que não leram uma palavra do que escrevi. Já faz dezessete anos que não me canso de evidenciar a influência desespiritualizadora do nosso atual empreendimento científico. O duro helotismo pelo qual o amplo escopo da ciência, hoje, condena cada indivíduo é o principal motivo para que mentes plenas, ricas e profundas naturezas não encontram mais a devida educação e educadores. Nossa cultura não sofre com nada mais do que a abundância de serviçais presunçosos e uma humanidade fragmentada; nossas universidades são, contra sua vontade, as verdadeiras estufas para esse tipo de instinto de atrofia do espírito. A Europa inteira já tem essa noção – a grande política não engana ninguém... A Alemanha é cada vez mais vista como uma *terra chata*[20] da Europa. Eu procuro ainda por um alemão com quem, a meu modo, eu possa ser sério – o quão mais feliz eu poderia ser com um desses! Crepúsculo dos ídolos: ah, quem hoje entenderá de que seriedade um eremita recupera aqui! A alegria é o que nos há de mais incompreensível...

4

Façamos uma avaliação: não apenas temos à mão o fato de que a cultura alemã está em declínio, mas também não falta motivo para isso. Ninguém pode gastar mais do que possui – isso vale para indivíduos, isso vale para povos. Dedicando-se ao poder para a grande política, a economia, o comércio internacional, o parlamentarismo, os interesses militares dispensando para esse lado o *quantum* de entendimento, seriedade, vontade e autocontrole, para o outro então há de faltar. A cultura e o Estado – não nos enganemos a respeito – são antagonistas: o "Estado cultural" é apenas uma ideia moderna. Um vive do outro, um prospera às custas do outro. Todos os grandes períodos da

---

20 Jogo de palavras comum a Nietzsche, considerando *Deutschland* e *Flachland* (terra plana, rasa).

cultura são momentos de declínio político: o que era grandioso no sentido da cultura era apolítico, mesmo antipolítico. O coração de Goethe efervesceu pelo fenômeno de Napoleão – mas fechou-se em ambas as "guerras de libertação"... No mesmo instante em que a Alemanha se tornou uma grande potência, a França ganhou importância como potência cultural. Já hoje, muitas novas seriedades, muitas paixões de espírito se mudaram para Paris; a questão do pessimismo, por exemplo, a questão Wagner, quase todas as questões psicológicas e artísticas lá são incomparavelmente mais finas e detalhadamente consideradas do que na Alemanha – os próprios alemães são incapazes desse tipo de seriedade. Na história da cultura europeia, a ascensão do *Reich* significa, sobretudo, uma coisa: um deslocamento na balança. Isso é de conhecimento por todo lado: na questão principal – que é sempre a cultura – os alemães não são mais relevantes. Perguntam: você tem ao menos um espírito que, para a Europa, valha? Assim como seu Goethe, seu Hegel, seu Heinrich Heine, seu Schopenhauer valiam. Que não haja mais um único filósofo alemão, o espanto é incessante.

5

Todo sistema de ensino superior na Alemanha tem em falta o essencial: propósito como meio para o propósito. Esqueceu-se de que formação é o próprio fim – e não o *Reich* –, que para esse fim são necessários educadores, e não professores de ginásio e estudiosos universitários.

Educadores têm a necessidade de que eles mesmos sejam educados, espíritos superiores e nobres, reafirmados a cada instante, reafirmados através de palavra e silêncio, culturas maduras e refinadas – não os rudes estudiosos que os ginásios e as universidades oferecem, hoje, aos jovens como "glorificadas amas de leite". Faltam educadores, relevando as raras exceções, o primeiro requerimento para a educação: eis o declínio da cultura alemã. Uma dessas raríssimas exceções é meu venerável amigo Jakob Burckhardt, na Basileia: é a ele que, em primeiro lugar, a Basileia deve sua preeminência nas humanidades. – O que o "ensinos superiores" da Alemanha realmente construíram foi um treinamento brutal, para que, com a menor perda de tempo possível, fossem criadas multidões de jovens homens úteis e exploráveis para o serviço ao Estado. "Ensino superior" e multidão são uma antítese em essência. Todo ensino superior pertence apenas à exceção: é preciso ser privilegiado para ter o direito de um privilégio tão elevado. Todas as coisas grandes e belas não podem pertencer ao comum: *pulchrum est paucorum hominum*[21]. O que provoca o declínio da cultura alemã? O fato de o "ensino superior" não ser mais um privilégio – o democratismo da "formação geral", a "formação" que se tornou comum... Para não esquecer que os privilégios militares forçam a frequência exagerada nas escolas superiores, o que significa seu definhamento. – Ninguém mais tem a liberdade, na Alemanha atual, de dar aos seus filhos uma educação nobre: nossas escolas "superiores" estão organizadas para

---

21 É algo belo para o homem (tradução nossa).

a mais ambígua mediocridade, englobando professores, currículos e objetivos educacionais. E, em todo lugar, prevalece uma pressa indecente, como se algo estivesse sendo perdido se o jovem não estiver "pronto" aos 23 anos, ainda sem uma resposta para a "principal" questão: que carreira seguir? Um tipo elevado de homem, se assim posso dizer, não gosta de "profissões", justamente porque sabe que tem vocação... Ele tem tempo, ele toma seu tempo, nem sequer pensa em ficar "pronto" – aos 30 anos ainda se é, aos olhos da alta cultura, um iniciante, uma criança. Nossos ginásios superlotados, nossos sobrecarregados e imbecilizados professores de ginásio são um escândalo: para defender tais condições, como fizeram os professores de Heidelberg, talvez haja motivos – contudo, embasamento não há.

6

Para não desviar de minha forma afirmativa de lidar com objeção e crítica apenas indiretamente, apenas involuntariamente, eu apresento logo as três tarefas para as quais os educadores são necessários. É preciso aprender a *ver*, é preciso aprender a *pensar*, é preciso aprender a *ler* e a *escrever*: o objetivo de todas as três é uma cultura nobre. Aprender a ver – acostumar o olhar à calma, à paciência, a permitir que as coisas se aproximem; adiar o julgamento, aprender a compreender o acontecido particular por todos os lados. Essa é a primeira preparação para a espiritualidade: não reagir imediatamente ao estímulo, mas ter em sua mão o instinto de inibição, excludentes. Aprender a ver, como eu compreendo, é como aquilo que a linguagem não filosófica chama de vontade forte: o mais importante disso é justamente o de não "querer", de poder adiar a decisão. Toda inespiritualidade, toda vulgaridade se baseia na incapacidade de resistir a um estímulo – deve-se reagir, segue-se cada impulso. Muitas vezes, essa necessidade é uma patologia, um declínio, um sintoma da exaustão – quase tudo o que a rudeza não filosófica nomeia como "vício" é apenas a incapacidade fisiológica de não reagir. Uma aplicação prática de ter aprendido a ver: o indivíduo se torna essencialmente lento, desconfiado, relutante. Permite que o estranho ou qualquer tipo de novidade se aproxime com uma calma hostil – recolhe sua mão. É o fato de manter abertas todas as portas, a prostração submissa diante de cada pequeno fato, a prontidão para o salto, para atirar-se em outro e outros; resumindo, a famosa "objetividade" moderna é de mau gosto, é desnobre por excelência.

7

Aprender a pensar: em nossas escolas não se sabe mais isso. Mesmo dentro das universidades, até entre verdadeiros estudiosos da filosofia à lógica, como teoria, como prática, como ofício, começa a desaparecer. Basta ler livros alemães: não há mais memória remota de que o pensamento requer técnica, um plano de estudo, uma vontade de domínio – que o pensamento precise ser aprendido como uma dança precisa ser aprendida, como um tipo de dança... Quem conhece, entre os alemães, aquela experiência do sutil arrepio que transborda todos os músculos ao tocar de leve nas coisas espirituais! A gesticulação grosseira e desajeitada no espiritual, a mão sem firmeza ao agarrar. Isso é alemão de tal forma, que as pessoas no exterior confundem com a principal natureza alemã. O alemão não tem dedo para nuances... O fato de que os alemães também tenham suportado seus filósofos, acima de tudo aquele emaranhado de aleijamento conceitual que já existiu, o grande Kant, simboliza a graça alemã. – Não se pode descartar a dança em qualquer forma de educação nobre, pode-se dançar com os pés, com os conceitos, com as palavras; ainda preciso dizer que se deve poder fazê-lo com a pena – que é preciso aprender a escrever? – Mas nesse ponto eu me tornaria um completo enigma aos leitores alemães...

IX. INCURSÕES DE UM INOPORTUNO

1

Meus impossíveis. – Sêneca: ou toureador da virtude. – Rousseau: ou o retorno à natureza *in impuris naturalibus*[22]. – Schiller: ou o trompetista moral de Säckingen. – Dante: ou a hiena que compõe em túmulos. – Kant: ou *cant* como caráter inteligível. – Victor Hugo: ou o farol no mar do absurdo. – Liszt: ou a escola da agilidade para mulheres. – George Sand: ou *lactea ubertas*; em linguagem clara, a vaca leiteira com "belo estilo". – Michelet: ou o entusiasmo que despe a jaqueta... – Carlyle: ou pessimismo como almoço atrasado. – John Stuart Mill: ou a clareza ofensiva. – *Les frères* de Goncourt: ou os dois Ajaxes em guerra com Homero. Música de Offenbach. – Zola: ou a alegria de feder.

2

Renan. – Teologia, ou a corrupção da razão por meio do "pecado original" (o cristianismo). O testemunho de Renan, que, assim que arrisca um sim ou um não de forma mais geral, erra com uma regularidade embaraçosa. Ele quer, por exemplo, unir a ciência e a nobreza: mas a

---

22 Na impureza natural (tradução nossa).

ciência pertence à democracia, isso é palpável. Ele deseja, não com pouco orgulho, apresentar uma aristocracia do espírito: mas, da mesma forma, prosta-se diante do oposto, o evangelho dos humildes de joelhos, e não apenas dos de joelhos... De que adianta toda a liberdade de espírito, modernidade, ironia e flexibilidade de mudança, se no âmago se permanece cristão, católico ou até mesmo padre! Renan exerce sua engenhosidade, sendo jesuíta e confessor, na sedução; sua espiritualidade não carece do extenso sorriso sacerdotal – ele se torna, como todo padre, perigoso apenas quando ama. Ninguém é seu igual nesse aspecto, adorar de forma perigosa... Esse espírito de Renan, um espírito que enerva, é uma maldição a mais para a pobre, doente e de vontade enferma França.

3

Sainte-Beuve. – Nada viril; cheio de um pequeno ressentimento contra todo espírito masculino. Vagueia por aí, curioso, entediado, bisbilhotando – uma pessoa basalmente feminina, com rancor feminino e sensualidade feminina. Como psicólogo, um gênio da maledicência; com rica inesgotabilidade de métodos para tal; ninguém entende melhor como misturar veneno ao elogio. É plebeu nos instintos menores e relacionado ao ressentimento de Rousseau: consequentemente um romântico – pois sob todo o romantismo o instinto de Rousseau grunhe e anseia por vingança. Revolucionário, mas, através do medo, ainda mantido sob controle. Sem a liberdade diante de tudo o que tem força (opinião pública, academia, Corte, até mesmo o Port-Royal). Amargurado com tudo o que há de grande nos homens e nas coisas, com tudo em que acredita de si. Poeta e feminino o suficiente para entender o grande como poder; constantemente curvado, como aquele conhecido verme, pois constantemente se sente pisoteado. Como crítico, sem padrão, firmeza ou espinha; com a língua de cosmopolita libertino para muito, mas sem coragem para admitir a própria libertinagem. Como historiador, sem filosofia, sem o poder do olhar filosófico – portanto, rejeitando a tarefa de julgar todos os temas principais, mantendo a "objetividade" como máscara. No entanto, ele se porta diferente, com todas as coisas em que o gosto fino e a utilidade são vistos na mais alta instância: é então que ele fica cheio de coragem, cheio de vontade – aí ele é mestre. De certa forma, uma preconcepção de Baudelaire.

4

A *imitatio Christi*[23] pertence aos livros que não consigo segurar sem uma aversão fisiológica: eles exalam um perfume do eterno feminino, para o qual é preciso ser francês – ou wagneriano... Esse santo tem um jeito para falar do amor que mesmo as parisiense ficam curiosas. – Dizem-me que aquele esperto jesuíta, A. Comte queria levar seus franceses a desviarem-se do caminho da ciência e ir para Roma, então inspirou-se nesse livro. Acredito: a "religião do coração"...

---
23 Imitação de Cristo (tradução nossa).

5

G. Eliot. – Eles se livraram do Deus cristão e acreditam agora, mais do que nunca, que precisam se apegar à moral cristã: isso é uma lógica inglesa, não queremos pressionar as mulheres morais à la Eliot. Na Inglaterra, para cada pequena emancipação da teologia, de maneira assustadora, é preciso recuperar a honra como fanático moral. Esse é o preço que se paga por lá. – Para nós quer dizer outra coisa. Quando se abandona a fé cristã, paga-se com a perda do direito à moral cristã. Mas isso não é, de modo algum, evidente: é preciso evidenciar esse ponto repetidamente, apesar da cabeça chata dos ingleses. O cristianismo é um sistema, uma visão coletiva e completa das coisas. Caso se rompa um conceito principal, a fé em Deus, a totalidade também se quebrará: não se tem mais nada de necessário entre os dedos. O cristianismo pressupõe que o homem não sabe, não pode saber o que é bom ou mau para ele: acredita-se em Deus, o único que sabe de tudo. A moral cristã é uma ordem; sua origem é transcendental; ela está além de toda crítica, de todo direito à crítica; tem verdade apenas se Deus for a verdade – ela se sustenta e cai com a fé em Deus. Se, realmente, os ingleses acreditam que sabem, por si mesmos, "intuitivamente", o que é bem e mau; se, portanto, pensam que não têm mais necessidade do cristianismo como garantia de moral, é apenas uma consequência do domínio do julgamento cristão e uma expressão da força e profundidade desse domínio: dessa forma, a origem da moral inglesa fora esquecida, o que se é condicionado a seu direito de ser não é mais sentido. Para o inglês, a moral ainda não é nenhum problema...

6

George Sand. – Eu li as primeiras *Lettres d'un voyageur*[24]: como tudo o que veio de Rousseau, é falso, artificial, inchado, exagerado. Não me apetece esse estilo de papel de parede colorido; assim como a ambição plebeia de um sentimento generoso. O pior, de fato, continua sendo a coqueteria feminina com masculinidades, com maneiras de jovens travessos. Quão fria ela deve ter ficado com tudo isso, essa artista insuportável! Ela se dava corda como a um relógio – escrevia... Fria como Hugo e Balzac, como todos os românticos enquanto escreviam! E que complacente deve ter sido essa vaca escritora fértil, que tinha, em si, algo de alemão no pior sentido, igual ao próprio Rousseau, seu mestre, o que só é possível diante do declínio do gosto francês! – Mas Renan a venera...

7

Moral para psicólogos. – Não façam psicologia de folhetim! Nada observem apenas por observar! Isso dá uma falsa ótica, um estrabismo, algo de forçado e exagerado.

---
24 Cartas de um viajante.

Viver por querer viver – não funciona. Não se deve olhar para si durante a experiência, cada olhadela se torna um "mau-olhado". Um psicólogo nato se atenta instintivamente ao olhar por olhar; o equivalente vale para um pintor nato. Ele não trabalha nunca "a partir da natureza" – deixa a seu instinto, a sua câmera obscura, a filtragem e expressão dos "casos", da "natureza", da "experiência"... Apenas lhe vem à mente o geral, a conclusão, o resultado: ele não conhece a abstração arbitrária de caso individual. – O que acontece quando fazem algo de diferente? Por exemplo, quando se faz psicologia de folhetim, como os grandes e pequenos romancistas parisienses. Espia-se, de certo modo, a realidade, e em todo amanhecer um punhado de curiosidade é levado para casa... Mas veja só o resultado – uma pilha de bolhas, um mosaico no melhor dos casos, em cada caso um amontoado, inquieto, chamativo. O pior são os Goncourt: eles não conseguem juntar três frases simplesmente sem ferir o olho, o olho do psicólogo. – A natureza, artisticamente avaliada, não é nenhum modelo. Ela exagera, distorce, deixa furos. A natureza é o acaso. O estudo "a partir da natureza" me parece um terrível sinal: demonstra submissão, fraqueza, fatalismo – essa prostração diante dos *petits faits*[25] é indigna do artista íntegro. Ver aquilo que é – isso pertence a um outro tipo de espírito, o antiartístico, o factual. É preciso saber quem se é...

---

[25] Pequenos fatos.

8

Sobre a psicologia do artista. – Para existir arte, para que exista qualquer ação e visão estética, é imprescindível a uma precondição fisiológica: a intoxicação. O êxtase deve, primeiro, ter aumentado a excitabilidade da máquina inteira: do contrário, não há nenhuma arte. Todas as formas de êxtase, por mais diversas que sejam suas condições, têm esse poder: Antes de tudo, o êxtase da excitação sexual, essa é a forma mais antiga e original de êxtase. Da mesma forma, sucede todas as grandes paixões, todos os grandes afetos; o êxtase das festas, da competição, da façanha, da vitória, de todo movimento extremo; o êxtase da crueldade; o êxtase da destruição; o êxtase sob certas influências meteorológicas, por exemplo, o de primavera; ou sob a influência dos narcóticos; finalmente o êxtase da vontade, o de uma vontade transbordante e túrgida. – O mais importante no êxtase é o sentimento de aumento de poder e plenitude. Desse sentimento entregam-se às coisas, forçam-se a tirarem de nós, se é violentado – chamam esse processo de idealização. Livremo-nos de um preconceito aqui: a idealização não consiste, como se é geralmente acreditado, em subtrair ou descontar o pequeno, o secundário. Uma tremenda eliminação das principais características é, pelo contrário, o fator decisivo para que as outras desapareçam.

9

Enriquece-se tudo, nesse caso, com a própria plenitude: o que se vê, o que se deseja, vê-se de forma avolumada, comprimida, forte, sobrecarregada de poder. A pessoa, assim, muda as coisas até que espelhem seu poder – até que sejam o reflexo de sua perfeição. Essa necessidade de mudança para o que se é perfeito é arte. Tudo, mesmo o que não é, torna-se, ainda assim, um prazer para si; na arte, aproveita-se do homem como perfeito. Seria permitido pensar em um estado oposto, um específico antiartismo do instinto – um jeito de ser que transforma tudo em mais pobre, mais brando, mais anêmico. Na realidade, a história é rica em tais antiartistas, tais famintos de vida, os quais, por necessidade, ainda precisam tomar as coisas para si, exauri-las, emagrecê-las. Esse é, por exemplo, o caso do verdadeiro cristão, Pascal: um cristão que também é artista não existe... Não sejamos ingênuos de mencionar Rafael ou qualquer outro cristão homeopático do século XIX: Rafael dizia, sim, Rafael fazia, sim, portanto Rafael não era cristão...

10

O que significam os conceitos opostos apolíneo e dionisíaco, que se introduzem na estética como formas de êxtase? – O êxtase apolíneo mantém, antes de tudo, o olhar excitado, de modo que recebe o poder da visão. O pintor, o escultor, o épico são visionários por excelência. No caso dionisíaco, todo o sistema de afeto é excitado e intensificado: de modo a descarregar todos os seus meios de expressão de uma só vez e botar para fora o seu poder de representação, replicação, transfiguração, transformação; todas as formas de mímica e atuação ao mesmo tempo. No essencial permanece a facilidade de metamorfose, a incapacidade de não reagir (– similar a certos histéricos, que também a qualquer aceno encarnam qualquer papel). É impossível para o homem dionisíaco não compreender alguma sugestão, não deixar passar nenhum sinal de afeto, possuindo o mais alto grau de instintos de compreensão e intuição, assim como o mais alto grau de arte comunicativa. Ele infiltra cada pele, cada afeto: ele se transforma constantemente. – A música, como compreendemos hoje, é igualmente uma excitação e descarga total do afeto, mas, ainda assim, apenas o vestígio de um mais pleno mundo expressivo de afeto, um mero resíduo do histrionismo dionisíaco. Para possibilitar a música como arte específica, vários sentidos, em especial o muscular, foram silenciados (pelo menos relativamente, porque até um grau, todo ritmo conversa com nossos músculos), para que o homem não mais imitasse e representasse, em seu corpo, tudo o que sente imediatamente. Contudo, esse é o verdadeiro estado normal dionisíaco, ao menos o estado primordial; a música é o lento alcance dessa especificação às custas das faculdades imediatas.

11

O ator, o mímico, o dançarino, o músico e o poeta lírico são, em seus instintos, fundamentalmente relacionados e, em si, uma unidade, mas aos poucos se especializam e se diferenciam uns dos outros – até mesmo em contradição. O poeta lírico é o que, por mais tempo, permanece unido ao músico; o ator, com o dançarino. – O arquiteto não representa nem o caso dionisíaco, nem o apolíneo: eis o grande ato da vontade, a vontade que move montanhas, o êxtase da grande vontade que aspira à arte. Os homens mais poderosos sempre se inspiraram nos arquitetos; o arquiteto sempre esteve sob sugestão de poder. Na construção deve aparecer o orgulho, a vitória sobre o peso, a vontade pelo poder; arquitetura é um tipo de eloquência do poder em formas, por vezes persuasiva, mesmo lisonjeira, por vezes simplesmente impositiva. O maior sentimento de poder e segurança vem na expressão do que tem grande estilo. O poder que não tem mais necessidade da prova; que despreza o agradar; que dificilmente responde; que não vê testemunhas à sua volta; que vive sem o conhecimento da existência de oposição a ele; que descansa sobre si mesmo, fatalista, uma lei entre as leis; isso que fala de si em grande estilo.

12

Li a biografia de Thomas Carlyle, essa farsa contra o saber e a vontade, essa interpretação heroico-moralista de estados dispépticos. Carlyle era um homem de palavras e atitudes fortes, um retórico por necessidade, que é constantemente excitado pelo desejo de uma fé inabalável e o sentimento de incapacidade de tê-la (nisso era um típico romântico!). O desejo de uma fé inabalável não é sua prova, muito pelo contrário. Quando se a tem, pode-se dar ao belo luxo do ceticismo: se é suficientemente seguro, suficientemente firme, suficientemente comprometido para tal. Carlyle deixa algo em si dormente por meio do fortíssimo de sua veneração à fé inabalável do homem e através de sua ira contra os menos simplórios: ele precisa do barulho. Uma deslealdade constante e apaixonada consigo mesmo – isso é seu *proprium*, por isso continua interessante. De certo, na Inglaterra, é admirado justamente por sua honestidade... Bom, isso é muito inglês; e considerando que os ingleses são o povo do perfeito *cant*[26], é cabível, não apenas compreensível. Em essência, Carlyle é um ateu inglês que busca sua honra em não o ser.

13

Emerson. – Muito mais esclarecido, errante, versátil e refinado do que Carlyle; acima de tudo, mais feliz... Um desses que instintivamente se nutre de ambrosia, que deixa o indigerível das coisas de lado. Frente a Carlyle, um homem de gosto. – Carlyle, que o apreciava, dizia dele: "Ele não nos dá o suficiente para morder". Isso pode estar certo, mas não desmerece Emerson. – Emerson tem aquela alegria bondosa e espirituosa que desencoraja todo senso de seriedade; ele simplesmente não sabe quão velho já é e quão jovem ainda vai ser – ele pode falar de si com uma frase de Lope de Vega: "*yo me sucedo a mi mismo*"[27].

---

26 Hipocrisia.

27 Presente na comédia *Si no vieran las mujeres*, significando, em tradução livre, "Eu aconteço a mim mesmo".

Seu espírito sempre encontra motivos para se alegrar e ser grato; e, às vezes, ele se aproxima da alegre transcendência do homem simples, que volta de um encontro amoroso como se tivesse realizado algo de grandioso. "*Ut desint vires*", dizia ele agradecido, "*tamen est laudanda voluptas*"[28].

14

Anti-Darwin. – No que diz respeito à famosa luta pela vida, parece-me, por enquanto, mais afirmada do que provada. Ela ocorre, mas como exceção; o aspecto geral da vida não é a condição de necessidade, de fome, mas da riqueza, da exuberância, até mesmo do desperdício absurdo – onde há briga, ela é pelo poder... Não se deve confundir Malthus[29] com natureza. Mas digamos que haja essa briga – e, de fato, ela ocorre –, infelizmente de maneira inversa ao que a escola de Darwin desejaria, e talvez do que se pudesse desejar: isso é, em detrimento dos fortes, dos privilegiados, das felizes exceções. As espécies não crescem na perfeição: os fracos sempre dominam os fortes – isso acontece porque eles estão em maior número e, também, são mais inteligentes... Darwin esqueceu-se do espírito (– isso é inglês!), os fracos têm mais espírito... É preciso necessitar espírito para obtê-lo – este é perdido

---

28 Embora faltem forças, é de se louvar a volúpia (tradução nossa).

29 Referência a Thomas Malthus, clérigo e economista inglês. Ele argumentava que os meios de subsistência crescem em ritmo menor que a população, portanto esta diminui em virtude de guerras, doenças e fome.

quando não é mais preciso. Quem tem força dispensa o espírito (– "deixem para lá!", pensa-se hoje à Alemanha, "o *Reich* deve permanecer conosco"...). Eu entendo por espírito, como se vê, a cautela, a paciência, a astúcia, a dissimulação, o grande autocontrole e tudo o que a *mimicry*[30] é (esse último pertence, em grande parte, às ditas virtudes).

15

Casuística dos psicólogos. – Eis um conhecedor do homem: por que ele realmente estuda as pessoas? Ele quer obter pequenas vantagens sobre elas, ou também grandes – é um político! Também é um conhecedor do homem: e vocês dizem que ele não quer nada para si, que é um grande "imparcial". Prestem mais atenção! Talvez ele queira uma vantagem ainda pior: sentir-se superior às pessoas, poder olhá-las de cima, não se misturar mais com elas. Essa "imparcialidade" é o desprezo pelo homem: e o primeiro é a espécie humana, independentemente do que as aparências digam. Ao menos ele se coloca em pé de igualdade, ele se coloca dentro...

16

O tato psicológico dos alemães me parece questionável, por meio de uma série de casos, os quais minha modéstia me impede de listar. Em um caso não me faltam

---

30 Mimetismo.

grandes razões para fundamentar minha tese: fico ressentido com os alemães por terem se enganado sobre Kant e sua "filosofia da porta dos fundos", como a chamo – não condiz à tipologia de integridade intelectual. – Outra coisa que não gosto de ouvir é o infame "e": os alemães dizem "Goethe e Schiller" – tenho medo de que digam "Schiller e Goethe"... Ainda não sabem quem é esse Schiller? – Ainda existem piores "e"; ouvi com meus próprios ouvidos, apesar de somente entre professores universitários, "Schopenhauer e Hartmann".

17

Os homens mais espirituosos, assumindo que sejam os mais corajosos, também de longe são os que vivenciam as tragédias mais dolorosas: mas é justamente por isso que valorizam a vida, porque esta lhes apresenta a maior oposição.

18

Sobre a "consciência intelectual". – Nada, hoje, parece-me mais raro do que a verdadeira hipocrisia. Suspeito fortemente de que a suavidade do ar de nossa cultura não seja propícia para essa planta. A hipocrisia pertence às eras de fé inabalável: quando mesmo em situações em que se era forçado a demonstrar outra fé, não se abandonava a que se tinha. Hoje em dia, deixamos essa necessidade de lado; ou, o que é mais comum, adota-se uma segunda fé – permanece-se, porém, verdadeiro em cada caso. Sem dúvida, hoje se tem uma maior quantidade de possíveis convicções do que antigamente: "possíveis" quer dizer "permitidas", inofensivas". inofensivo. Daí surge a tolerância consigo mesmo. A tolerância consigo mesmo permite mais convicções: estas vivem juntas em harmonia – elas se protegem, como todo mundo na atualidade, de se comprometerem. De que forma nos comprometemos hoje? Quando se é consistente. Quando se segue em linha reta. Quando se é menos ambíguo. Quando se é verdadeiro... Tenho grande receio de que o homem moderno esteja muito confortável com alguns vícios, de modo que se extingam completamente. Todo mal que deriva de uma vontade forte – e talvez nada seja sem força de vontade – degenerou-se, em nosso ar morno, em virtude... Os poucos hipócritas que conheci imitavam a hipocrisia: eles eram, como qualquer décimo hoje em dia, atores.

19

Belo e feio. – Nada é mais condicionado, digamos restrito, do que nosso sentimento pelo belo. Quem quisesse pensá-lo separado do desejo do homem ao homem logo se veria sem chão sob os pés. O "belo por si só" não passa de ideia, nem sequer é um conceito. O homem coloca o belo como medida de perfeição; em casos seletos, chega a venerá-lo. Não há nada que uma espécie possa fazer além de dizer sim para si de tal forma. Seu instinto mais básico, de autopreservação e autoexpansão, ainda brilha nessas sublimidades. O homem acredita que o próprio mundo é inundado com beleza – mas se esquece de que é a causa. Ele sozinho o dotou de beleza, ah! com uma beleza tão, tão humana... Em essência, o homem se reflete nas coisas, ele toma como belo tudo o que devolve sua própria imagem: a condição de "belo" é sua vaidade de espécie... O cético, no entanto, pode ter uma pequena suspeita a essa questão sussurrada ao ouvido: o mundo realmente ficou mais belo porque o homem o toma como belo? Ele o humanizou: só isso. Mas nada, absolutamente nada, garante-nos que o homem é o molde para o belo. Quem sabe como ele seria aos olhos de um gosto mais elevado? Talvez ousado? Talvez mesmo engraçado? Talvez um pouco arbitrário? "Oh, Dionísio, divindade, por que me puxas pelas orelhas?", perguntou Ariadne uma vez, em um desses famosos diálogos de Naxos, a seu amante filosófico. "Eu encontro um tipo de humor em suas orelhas, Ariadne: por que não são ainda maiores?".

20

Nada é belo, apenas o homem: toda estética repousa sobre essa ingenuidade, é sua verdade primordial. Adicionemos, então, a segunda: nada é feio, exceto o homem degenerado – assim se limita o reino do julgamento estético. Fisiologicamente calculado, enfraquece e entristece tudo o que é feio do homem. Lembra-o a decadência, o perigo, a impotência; ele realmente perde sua força.

Pode-se medir o efeito do feio com um dinamômetro. Quando o homem está deprimido, sente uma aproximação da "feiura". Seu sentimento de poder, sua vontade de poder, sua coragem, seu orgulho decaem com a feiura; mas crescem com a beleza... Tanto em um caso como no outro, tiramos uma conclusão: as premissas estão acumuladas abundantemente no instinto. A feiura é entendida como um sinal e sintoma da degeneração: tudo o que lembra remotamente a degeneração traz em nós um julgamento de "feio". Qualquer sinal de esgotamento, de peso, de velhice, de cansaço, de falta de liberdade, como cãibra, como paralisia, sobretudo o cheiro, a cor, a forma da decomposição, da putrefação, ainda que diluído em símbolo – tudo isso traz a mesma reação: julgar como "feio". Um ódio surge daí: a que odeia o homem? Não há dúvidas: a decadência de seu tipo. Ele a odeia do mais profundo instinto de espécie; nesse ódio, há o temor, a cautela, a profundidade, uma distância de visão – é o mais profundo ódio que há. É por ele que a arte é profunda...

21

Schopenhauer. – Schopenhauer, o último alemão relevante (um acontecimento europeu como Goethe, Hegel, Heinrich Heine, e não apenas um local, um "nacional"), é, para um psicólogo, um caso de primeira classe: de forma mais precisa, uma tentativa maliciosamente genial em favor da desvalorização generalizada niilista da vida, de trazer à tona as contrainstâncias, a grande autoafirmação da "vontade de viver", as formas exuberantes da vida. Ele interpretou, sucessivamente, a arte, o heroísmo, o genialidade, a beleza, a grande compaixão, o conhecimento, a vontade pela verdade e a tragédia como sequela da "negação" ou da necessidade de negação da "vontade" – a maior falsificação psicológica, fora o cristianismo, que existe na história. Olhando de perto, é apenas a herança da interpretação cristã: ele soube aprovar o que o cristianismo rejeitou, os grandes fatos culturais da humanidade ainda no cristianismo, ou seja, em um sentido niilista (– precisamente os caminhos para a "salvação" como formas preliminares da "salvação", como estímulos da necessidade da "salvação"...).

22

Tomarei um caso específico. Schopenhauer fala da beleza com um brilho melancólico – por quê? Porque vê nela uma ponte pela qual se pode avançar, ou mesmo sentir a sede de avançar mais... Ela é a salvação da "vontade" por alguns instantes – tenta a salvação eterna... Em particular, ele a elogia como salvadora do "foco da vontade", da sexualidade – na beleza, vê a negação do impulso reprodutivo... Fantástica santidade! Eis que alguém está se contradizendo, temo que seja a natureza. Por que razão existe beleza em tom, cor, cheiro, movimento rítmico da natureza? O que impulsiona a beleza? – Felizmente, um filósofo também o contradiz. Nenhuma autoridade é maior do que a do divino Platão (– como o chamava o próprio Schopenhauer), que sustenta uma outra afirmação: toda beleza incita a reprodução – que é justamente *proprium* de seu efeito, do mais sensual ao mais espiritual.

23

Platão vai além. Diz com uma inocência, que apenas um grego poderia ter, nunca um "cristão", que não haveria filosofia platônica se não houvesse belos jovens em Atenas: seus olhares são o que leva a alma do filósofo a um frenesi erótico e não o deixa em paz até tenha semeado todas as coisas elevadas em um solo tão belo. Mais uma fantástica santidade! Não se confia em seus ouvidos, mesmo que se confie em Platão. Ao menos adivinha-se que se filosofava diferente em Atenas, sobretudo publicamente. Nada é menos grego do que a teia conceitual do eremita, *amor intellectualis dei*[31] à Spinoza. A filosofia à moda de Platão seria mais definida como uma competição erótica, como aprofundamento e internalização da antiga ginástica agonística e seus pressupostos... O que, enfim, cresce dessa filosofia erótica de Platão? Uma nova forma de arte do Agon grego, a dialética. Ainda me lembro, contra Schopenhauer e pela honra de Platão, de que toda alta cultura e literatura do francês clássico cresceram no solo do interesse sexual. Pode-se, por todo lugar, buscar a galanteria, a sensação, a competição sexual, a "mulher" – e nunca se buscará em vão...

---

31 Amor intelectual a Deus.

24

L'art pour l'art[32]. – A briga contra o propósito na arte é a luta contra a tendência moralista na arte, contra sua subordinação à moral. *L'art pour l'art* significa: "Pros diabos com a moral!" – mas mesmo essa inimizade revela o poder do preconceito. Se o propósito de pregação moral e o melhoramento do homem estão excluídos, isso não significa, necessariamente, que a arte seja sem propósito, sem objetivos, sem sentido, enfim, *l'art pour l'art* – um verme que morde o próprio rabo. "Melhor propósito nenhum do que um propósito moral!", é o que fala a mera paixão. Por outro lado, um psicólogo pergunta: o que faz toda arte? Não exalta? Não glorifica? Não escolhe? Nao destaca? Com tudo isso, fortalece ou enfraquece certas avaliações de valor... É apenas um acaso? Um acontecimento? Algo que o instinto do artista não esteja envolvido? Ou então: não seria esse o pré-requisito para a capacidade do artista? Não está seu instinto mais profundo direcionado para a arte, ou melhor, para o significado da arte, a vida? Para uma desejabilidade da vida? – A arte é o grande estimulante da vida: como seria possível entendê-la como sem propósito, sem objetivo, como *l'art pour l'art*? – E uma pergunta continua a ser feita: a arte também revela as feiuras, as durezas, as coisas questionáveis da vida – com isso ela não parece estragar a vida? – E, na verdade, há filósofos que se aproveitaram disso: ensinou Schopenhauer sobre o "desvencilhar-se da vontade"

---

[32] Arte pela arte.

como propósito geral da arte, e venerou "inclinar-se à resignação" como a grande utilidade da tragédia. Mas isso – já deixei claro – é a óptica pessimista e o "olhar maligno": é preciso apelar aos próprios artistas. O que o artista trágico partilha de si? Não é justamente o estado sem medo diante do assustador e questionável que ele exibe? Esse próprio estado é de grande desejabilidade; quem o conhece o tem em maior estima. Ele partilha, precisa partilhar, desde que seja um artista, um gênio da comunicação. A bravura e a liberdade dos sentimentos diante de um inimigo poderoso, diante de uma sublime desventura, diante de um problema, despertam horror – esse estado de vitorioso é o que o artista trágico escolhe, glorifica. Diante da tragédia, nosso espírito guerreiro celebra suas saturnálias; quem está acostumado ao sofrimento busca o sofrimento, o homem heroico louva sua existência com a tragédia – a ele somente o trágico fornece um gole do doce horror.

25

Ser gentil com o homem, manter o coração de casa aberta, isso é liberal, mas é meramente liberal. Reconhecem-se os corações capazes de hospitalidade nobre nas muitas janelas com persianas fechadas: seus melhores quartos permanecem vazios. Por que seria? Porque esperam por convidados com os quais não se pode "tomar como garantido".

26

Nós não nos valorizamos mais quando nos comunicamos. Nossas verdadeiras vivências não são nem um pouco tagarelas. Elas não poderiam se comunicar nem se quisessem. Isso acontece porque faltam palavras. Quando temos palavras para elas, já as superamos. Em toda fala, há um grão de desprezo. A linguagem, ao que parece, foi criada apenas para o mediano, o medíocre. Com a fala, o falante já se vulgariza. – De uma moral para surdos e outros filósofos.

27

"Esse quadro é encantadoramente belo!" A mulher literata, insatisfeita, inquieta, oca no coração e nas entranhas, com uma curiosidade dolorosa, sempre atenta ao imperativo que sussurra das profundezas de sua organização *"aut liberi aut libri"*[33]: a mulher literata, educada o suficiente para compreender a voz da natureza, mesmo quando fala latim e, por outro lado, tola e vaidosa o suficiente para, em segredo, ainda falar consigo mesma em francês *"je me verrai, je me lirai, je m'extasierai et je dirai: Possible, que j'aie eu tant d'esprit?"*[34].

---

33 Ou filhos ou livros.
34 Eu me verei, lerei, extasiarei e direi: será possível que tivesse tanto espírito? (Tradução nossa.)

28

Os "imparciais" tomam a palavra. – "Nada nos é mais fácil do que ser sábios, pacientes, superiores. Estamos banhados no óleo da indulgência e compaixão, somos absurdamente justos, perdoamos tudo. É por isso que devemos nos comportar um pouco mais rigidamente; é por isso que devemos cultivar, de tempos em tempos, um pequeno afeto, um pequeno vício de afeto. Pode nos ser amargo; entre nós, talvez rimos do aspecto que, com isso, tomamos. Mas para quê? Não temos outra forma de autossuperação: essa é nossa ascética, nossa penitência..." Tornar-se parcial – a virtude do "imparcial"...

29

De uma defesa de doutorado. – "Qual é o trabalho de toda educação superior?" – Fazer do homem uma máquina. – "Com que método?" – Ele precisa aprender, entediar-se. – "Como se consegue isso?" – Através do conceito de obrigação. – "Quem é seu modelo para isso?" – O filólogo: ele ensina a suar[35]. – "Quem é o homem perfeito?" – O funcionário público. – "Qual filosofia dá a mais elevada fórmula de funcionário público?" – A de Kant: o funcionário público como coisa julga o funcionário público como aparência.

---

35 Gíria alemã que deriva de *oschsen* (suar) e *ochs* (boi).

30

O direito à imbecilidade. – O trabalhador cansado e de respiração lenta, de olhar bondoso, que deixa as coisas seguirem seu rumo: essa figura típica, que encontramos agora na Era do trabalho (e do *Reich*!), em todas as classes da sociedade, reivindica a arte para si, incluindo o livro, sobretudo o jornal – e muito mais a bela natureza, a Itália... O homem da noite, com "instintos selvagens adormecidos" dos quais Fausto fala, precisa de férias de verão, de banho de mar, de geleiras, de Bayreuth... Em tal era, a arte tem um direito à pura tolice – como uma espécie de férias para o espírito, humor e sentimento. Wagner entendeu isso. A pura tolice é restauradora...

31

Ainda um problema de dieta. – Os meios pelos quais Júlio César se protegia contra as doenças e as dores de cabeça: marchas colossais, modo de vida simples, permanência ininterrupta ao ar livre, esforços constantes – essas são, de forma geral, as medidas de preservação e proteção principais contra a extrema vulnerabilidade desta sutil máquina que trabalha sob a mais alta pressão, chamada de gênio.

32

O imoralista fala. — Nada é mais desgostoso a um filósofo do que o homem enquanto deseja... Se ele vir o homem apenas por suas ações, vê o mais corajoso, astuto, perseverante animal que erra pelo labirinto de aflições; quão admirável lhe parece o homem! Ele o encoraja... Mas o filósofo despreza o homem desejante, e também o homem "desejável" — em geral, todas as desejabilidades, todos os ideais do homem. Se um filósofo pudesse ser niilista, ele o seria, porque encontra o nada por trás de todos os ideais do homem. Ou nem mesmo o nada — apenas o inútil, o absurdo, o doente, o covarde, o cansado, todo tipo de borra do cálice esvaziado de sua vida... Como é possível que o homem, na realidade, tão digno de admiração, não mereça atenção quando deseja? É preciso que ele pague por ser tão eficiente quanto a realidade? É preciso que ele compense suas ações, o desgaste mental e de sua vontade em todas as suas ações com um alongamento no imaginário e no absurdo? — A história de seus desejos era, até agora, a *partie honteuse*[36] do homem: deve-se evitar ler sobre ela por muito tempo. O que justifica o homem é sua realidade — sempre o justificará. Em quão mais valoroso é o homem verdadeiro quando comparado a qualquer homem meramente desejado, sonhado, mentido? E apenas o homem ideal é contrário ao gosto do filósofo.

---

36 Parte vergonhosa.

33

Valor natural do egoísmo. – O egoísmo é tão valoroso quanto o valor fisiológico que tem: pode ser muito valoroso, pode ser insignificante e desprezível. A cada indivíduo é possível observar se representa a linha crescente ou decrescente da vida. Com uma decisão a respeito, pode-se ter um cânone sobre o valor de seu egoísmo. Se apresentar a linha crescente, então seu valor é, na realidade, extraordinário – e, pelo bem da vida como um todo, com a qual ele dá um passo adiante, é possível que a preocupação pela preservação pela criação de suas melhores condições seja extrema. O indivíduo, como o povo e os filósofos até agora compreendem, é um erro: não é nada para si, nenhum átomo, nenhum "elo da corrente", nem apenas algo herdado de outrora – é toda uma linhagem da humanidade até ele mesmo... Caso apresente a evolução decrescente, a decadência, a degeneração crônica, a doença (– doenças são, de forma geral, consequência da decadência, não sua causa), ele é de pouco valor, e a equidade pede que tire o mínimo possível dos bem-sucedidos. Ele é apenas seu parasita...

34

Cristão e anarquista. – Quando o anarquista, como porta-voz das camadas mais baixas da sociedade, exige, com boa indignação, "direito", "justiça", "direitos iguais", ele está apenas sob a pressão de sua falta de cultura, não consegue entender o porquê de realmente estar sofrendo

– por que é pobre na vida... Um impulso de apontar o dedo é forte nele: alguém deve ser culpado por ele estar em uma situação ruim... Além do mais, a "boa indignação" por si só o faz bem, é um prazer para todos os pobres diabos reclamarem – dá uma pequena sensação de poder. Já a reclamação, o queixar-se, pode dar um estímulo à vida que permite suportá-la: uma refinada dose de vingança está em cada reclamação, acusa-se pelo mal-estar e, sob certas circunstâncias, mesmo pela maldade àqueles que são diferentes, como uma injustiça, um privilégio proibido. "Se eu sou um canalha, você também deveria ser": sob essa lógica faz-se uma revolução. – O queixar-se não serve de nada: vem da fraqueza. Culpa-se pelo próprio mal-estar o outro ou a si mesmo. Primeiro o faz o socialista, por último, a exemplo, o cristão – não faz nenhuma diferença real. O comum, ou, como podemos dizer, o indigno, é que alguém deva ser culpado pelo sofrer – em suma, o sofredor prescreve para seu sofrimento o mel da vingança. O objeto dessa necessidade por vingança, como uma necessidade por prazer, é derivado de causas ocasionais: o sofredor encontra, por todo lado, motivos para resfriar sua pequena vingança – se é cristão, dizendo novamente, encontra-os em si... O cristão e o anarquista – ambos são decadentes. – Mas, mesmo quando o cristão condena, difama, macula o "mundo", ele o faz com igual instinto ao que o trabalhador socialista condena, difama e macula a sociedade: o próprio "juízo final" ainda é o doce consolo da vingança – a revolução, que também espera o trabalhador socialista, só pensa um pouco mais longe... O "além" de si – por que um além, senão um meio para macular este lado?

35

Crítica da moral da decadência. – Uma moral "altruísta", uma moral na qual o egoísmo atrofia continua sendo, sob toda circunstância, um péssimo sinal. Isso se aplica ao indivíduo, especialmente aos povos. Falta o melhor quando começa a faltar o egoísmo. Escolher instintivamente o que flagela a si, ser atraído por motivos "desinteressados" beira a uma fórmula para decadência. "Não buscar seu interesse" é simplesmente uma folha de figueira moral de um outro fato totalmente fisiológico: "Eu não sei mais achar meus interesses!". Desagregação dos instintos! É seu fim quando o indivíduo se torna altruísta. Em vez de dizer ingenuamente "Eu não valho mais nada", diz a mentira moral na boca do decadente: "Nada tem qualquer valor – a vida não vale nada"... Em tal julgamento permanece, por fim, um grande perigo, é contagioso – de todo um solo mórbido da sociedade, logo cresce, às vezes como vegetação conceitual tropical, às vezes como religião (cristianismo), às vezes como filosofia (schopenhauerista). Sob certas circunstâncias, essa vegetação de árvore venenosa crescida da podridão envenena a vida por milhares de anos...

36

Moral para médicos. – O doente é um parasita da sociedade. Em certas ocasiões, é indecente que viva mais. Vegetar em uma covarde dependência de médicos e tratamentos depois de o sentido da vida, o direito de viver ter sido perdido deveria provocar um profundo desprezo da parte da sociedade. Os médicos, por sua vez, deveriam ser mediadores desse desprezo – sem receitas; senão, a cada dia, haverá uma nova dose de nojo por seus pacientes... Criar uma nova responsabilidade para os médicos, em todos os casos nos quais há o mais alto interesse da vida, a vida crescente, exige que a vida degenerada seja cruelmente deixada por baixo e de lado – por exemplo, para o direito de procriação, para o direito de nascer, para o direito de viver... Morrer de uma forma orgulhosa, quando não se é mais possível viver de forma orgulhosa. A morte escolhida de livre vontade, a morte no momento certo, com clareza e alegria, realizada em meio a crianças e testemunhas: para que uma verdadeira despedida ainda seja possível, enquanto ainda se está presente para se despedir, assim como uma verdadeira avaliação do que foi alcançado e desejado, um resumo da vida – tudo em contraste da comédia miserável e horrível que o cristianismo fez com a hora da morte. Nunca se deve esquecer que o cristianismo abusou da fraqueza do moribundo para disciplinar a consciência, que usou da própria forma de morrer como julgamento de valor sobre o homem e sobre o passado! – Aqui é importante, apesar de todas as sutilezas do preconceito, estabelecer sobretudo a avaliação correta, ou seja, a fisiológica da tal morte natural: no fim, é apenas uma "desnatural", um suicídio. Nunca se é morto por algum outro como por si. Só que é a morte sob condições desprezíveis, uma morte não livre, uma morte no tempo incorreto, uma morte covarde. Deve-se, por amor à vida, querer uma morte diferente, livre, consciente, sem acaso, sem surpresa... Por fim, um conselho para os senhores pessimistas e outros decadentes. Não temos em mãos o poder de impedir que nasçamos: mas podemos corrigir esse erro – pois, às vezes, é um erro. Quando alguém se anula, está fazendo a coisa mais respeitável que há: com isso, acaba por quase merecer viver... A sociedade, o que digo! A própria vida ganha mais com isso do que com qualquer "vida" em renúncia, pureza e outras virtudes. Libertaram-se os outros de seu olhar, libertou-se a vida de uma objeção... O pessimismo *pur, vert*[37] só se prova através da autorrefutação dos senhores pessimistas: é preciso dar um passo além em sua lógica, não apenas negar a vida meramente com "vontade e representação" como fez Schopenhauer – é preciso, primeiro, negar Schopenhauer... O pessimismo, diga-se de passagem, por mais contagioso que seja, não aumenta a doença de um tempo, de uma geração como um todo: ela é sua expressão. Sucumbe-se como se sucumbe à cólera: é preciso ter uma inclinação suficientemente mórbida para isso. O pessimismo, por si só, não cria um único decadente a mais; eu me lembro dos resultados estatísticos segundo os quais o ano em que cólera se espalhava não diferia em número total de mortes de outros anos.

37

Se nos tornamos mais morais. – Contra o meu conceito de "além do bem e do mal", lançou-se, como se era esperado, toda a ferocidade da estupidez moral, conhecida na

---

[37] Puro e verde.

Alemanha como a própria moralidade: eu tenho algumas histórias para contar a respeito. Antes de tudo, deram-me a "inegável superioridade" do nosso tempo no julgamento da moral, para repensar o progresso que fizemos realmente aqui: um César Bórgia não deve, em comparação conosco, ser apresentado como um "homem elevado", como um tipo de sobre-homem, como eu faço... Um redator suíço, do *Bund*, chegou a compreendeu meu ponto, não sem expressar o respeito pela coragem de correr tal risco de eu ter solicitado a abolição de todos os sentimentos decentes. Muito obrigado! Eu me permito, como resposta, levantar a questão se nós realmente nos tornamos mais morais. Que todo mundo acredite já é um argumento contra... Nós, homens modernos, muito delicados, muito vulneráveis, recebemos e damos centenas de considerações, então imaginamos, de fato, que essa humanidade delicada que apresentamos, que essa unanimidade alcançada na proteção, na prestatividade, na confiança mútua, é um progresso positivo e, com isso, estamos muito além dos homens da Renascença. Mas é assim que se pensa em todo período, como se é preciso pensar. Com efeito, não podemos nos colocar, nem mesmo pensar, na situação da Renascença: nossos nervos não suportariam tal realidade, para não dizer nossos músculos. Porém, essa impossibilidade não é prova de nenhum progresso, apenas de uma outra: uma constituição mais tardia, mais fraca, mais delicada, mais vulnerável, da qual necessariamente surge uma moral de consideração. Pensemos que, ao remover nossa delicadeza, tardeza e envelhecimento fisiológico, então nossa moral de "humanização" perderia imediatamente seu valor – nenhuma moral possui valor em si: ela nos faria desprezar-nos. Não duvidemos, por outro lado, que nós, modernos, com nossa humanidade grossamente acolchoada que não quer se debater com nenhuma pedra, seríamos uma comédia de morrer de rir, para os contemporâneos de César Bórgia. Na realidade, somos excessiva e involuntariamente cômicos com nossas "virtudes" modernas... A diminuição dos instintos de inimizade e desconfiança – e esse seria o nosso "progresso" – apresenta apenas a consequência da diminuição geral da vitalidade: custa cem vezes mais esforço, mais cautela, manter uma tão condicionada, tão tardia existência. Ajuda-se mutuamente; cada um é, até certo ponto, um doente e um cuidador. Isso que se chama "virtude": entre os homens que conheciam uma vida diferente, mais plena, mais extravagante, mais transbordante, teria recebido um outro nome, "covardia" talvez, "miséria", "moral de velhas"... Nosso abrandamento dos costumes – esse é meu argumento; se quiserem, minha inovação – é uma consequência do rebaixamento; a dureza e a terribilidade do costume podem, inversamente, ser consequências do excesso da vida: então, de fato, muito pode ser ousado, muito pode ser desafiado, porém muito também pode ser desperdiçado. O que, outrora, foi tempero para a vida, para nós seria veneno... Ser indiferente – isso também é uma forma de força –, para isso também somos muito velhos, muito tardios: nossa moral de compaixão, contra a qual eu fui o primeiro a advertir, isso, o que pode-se chamar de *l'impressionisme morale*[38], é mais uma expressão da excitabilidade fisiológica, característica de tudo o que é decadente.

---

38 Impressionismo moral.

Tal movimento, que tenta se apresentar cientificamente com a moral da compaixão de Schopenhauer – que tentativa infeliz! –, é o verdadeiro movimento de decadência na moral, está profundamente relacionado com a moral cristã. Nas épocas fortes, as culturas nobres veem, na compaixão, no "amor ao próximo", na falta de si e de autoestima, algo de desprezível. – Os tempos são medidos por suas forças positivas – assim, o tão extravagante e fatal tempo que foi a Renascença se apresenta como último grande tempo, e nós, modernos, com nossa ansiosa preocupação consigo e amor ao próximo, com nossas virtudes do trabalho, da modéstia, da retidão, da cientificidade – acumulador, econômico, maquinal, como um tempo fraco... A "igualdade", uma certa assimilação factual que se expressa na teoria dos "direitos iguais", pertence essencialmente ao rebaixamento: o abismo entre homem e homem, posição e posição, a pluralidade de tipos, de vontades de ser a si, de se destacar, isso é o que chamo de *páthos* da distância – é próprio de toda época forte. A tensão, a amplitude entre extremos é, hoje, cada vez menor – os próprios extremos se misturam até a semelhança... Todas as nossas teorias políticas e constituições estatais, sem excluir o *Reich* alemão, são conclusões das necessidades consequentes do rebaixamento; o efeito inconsciente da decadência dominou o ideal de certas ciências individuais. Minha objeção contra a grande sociologia na Inglaterra e na França continua sendo que eles conhecem somente uma construção decadente da sociedade como experiência e, perfeitamente inocentes, tomam o instinto decadente como norma do julgamento sociológico.

A vida em declínio, a diminuição de toda força organizadora, é isso que separa, que cria abismos, que subordina e ordena, sendo formulada na sociologia de hoje como ideal... Nossos socialistas são decadentes, mas também o senhor Herbert Spencer é um decadente – ele vê a vitória do altruísmo como algo desejável!

38

Meu conceito de liberdade. – O valor de uma coisa não se limita ao que se alcança com ela, mas no que se paga por ela – o que ela nos custa. Darei um exemplo. As instituições liberais deixam de ser liberais assim que são alcançadas: daí para frente não há mais completo e fundamental destruidor da liberdade do que as instituições liberais. É sabido do que são capazes: elas minam a vontade pelo poder, são a nivelação elevada à moral de montanhas e vales, tornam pequeno, covarde e satisfeito – com elas sempre triunfa o gado. Liberalismo: em outras palavras, a gadificação... Essas mesmas instituições produzem efeitos completamente diferentes enquanto são conquistadas; elas promovem de fato a liberdade de uma forma poderosa. Visto mais de perto, é a luta que traz esses efeitos à tona, a luta pelas instituições liberais que, como luta, deixa os instintos iliberais durarem. E a luta educa para a liberdade. O que é liberdade, então? Que se tenha vontade de assumir responsabilidade de si. Que se mantenha a distância que nos separa. Que ao sofrimento, à dureza, à privação e até mesmo à vida se torne indiferente.

Que se esteja pronto a sacrificar homens pela sua causa, não excluindo a si. Liberdade significa que os instintos, de masculinidade, de guerra e de vitória têm domínio sobre outros instintos; por exemplo, sobre a "felicidade". O homem liberto, e muito mais o espírito liberto, caminha com passos desprezíveis de bem-estar que os comerciantes, cristãos, vacas, mulheres, ingleses e outros democratas sonham. O homem livre é guerreiro. – Como se mede a liberdade em indivíduos, assim como em nações? Pela resistência, que é preciso ser superada, pelo esforço que custa permanecer acima. O mais alto tipo de homens livres deve ser procurado onde a maior resistência deve ser superada: a cinco passos da tirania, beirando o perigo da servidão. Isso é psicologicamente verdadeiro, caso se entendam por "tiranos" os instintos implacáveis e terríveis que exigem a máxima de autoridade e disciplina contra si – o mais belo exemplo é Júlio César. Isso também é politicamente verdadeiro, basta apenas percorrer a História. Os povos que tinham algum valor, que eram de valor, nunca o foram sob instituições liberais: o grande perigo provoca neles algo digno de reverência; o perigo nos ensina a conhecer nossos recursos, nossas virtudes, nossas defesas e armas, nossos espíritos – o que nos força a ser fortes... Primeiro princípio: é preciso ter necessidade para se tornar forte, senão nunca o será. – Aqueles grandes viveiros para os fortes, para o tipo mais forte de homem que já existiu até hoje, as comunidades aristocráticas no estilo de Roma e Veneza, entendiam a liberdade exatamente no mesmo sentido que eu a entendo: como algo que se tem e não se tem, que se quer, que se conquista...

39

Crítica da modernidade. – Nossas instituições não servem a mais nada: há consenso a respeito disso. A culpa não recai sobre elas, mas sobre nós. Depois que perdemos todos os instintos sobre os quais as instituições crescem, perdemos as instituições, pois não servimos mais para elas. A democracia sempre foi uma forma em declínio do poder organizador: já em *Humano, demasiado humano* eu caracterizei a democracia moderna e suas meias medidas, tal qual o *Reich* alemão como uma forma de declínio do Estado. Para que haja instituições, é preciso haver um tipo de vontade, instinto, imperativo antiliberal até a maldade: a vontade pela tradição, pela autoridade, pela responsabilidade por séculos, pela solidariedade à corrente de gerações para frente e para trás ao infinito. Se há essa vontade, estabelecer-se-á algo como o Império Romano: ou como a Rússia, o único poder que, hoje, tem durabilidade, que pode esperar, que pode prometer algo – a Rússia, o conceito oposto à miserável pequenez de Estado e nervosismo europeu que, com a fundação do império alemão, entrou em um estado crítico... O Ocidente inteiro não possui mais aqueles instintos sobre os quais crescem as instituições, sobre os quais cresce o futuro: talvez nada seja tão contrário a seus "espíritos modernos". Vive-se para o hoje, vive-se muito acelerado – vive-se muito irresponsavelmente: isso é o que é chamado de "liberdade". O que se faz das instituições é desprezado, odiado, rejeitado: acredita-se no perigo de uma nova escravidão caso a palavra "autoridade" seja ouvida. Assim segue a decadência no instinto de valor dos nossos políticos, nossos partidos: eles instintivamente trazem o que definha, o que acelera o fim... Testemunha disso é o casamento moderno. No casamento moderno, é visível como toda a razão se perdeu: não é um argumento contra o casamento, mas contra a modernidade. A razão do casamento se apoiava na responsabilidade jurídica exclusiva do homem: isso dava o centro de gravidade do casamento, enquanto hoje manca de ambas as pernas. A razão do casamento se apoiava em sua indissolubilidade em princípio: com isso, recebia um tom que, diante do acaso de sentimento, paixão e momento, sabia fazer-se ouvir. Assim como se apoiava na responsabilidade das famílias pela escolha do cônjuge. Com a crescente indulgência pelo casamento por amor, as bases do casamento, que faziam dele uma instituição, foram eliminadas. Nunca se fundamenta uma instituição com uma idiossincrasia, não se fundamenta o casamento, como dito, no "amor" – fundamenta-se-o sobre o instinto sexual, sobre o instinto de propriedade (mulher e filho como propriedade), sobre o instinto de dominação, que se organiza como o menor quadro de senhorio, a família, que precisa de filhos e herdeiros para manter um alcançado nível de poder, influência e riqueza, mesmo fisiologicamente, a fim de preparar longas tarefas para o instinto de solidariedade entre séculos. O casamento como instituição já implica a afirmação da maior, da mais duradoura forma de organização em si: quando a sociedade como um todo não pode se garantir até suas gerações mais distantes, o casamento não tem absolutamente nenhum sentido. O casamento moderno perdeu seu sentido – logo, está sendo abolido.

40

A questão dos trabalhadores. – A estupidez, fundamentalmente a degeneração do instinto, que hoje é causa de todas as estupidezes, apoia-se no fato que existe uma questão do trabalhador. Sobre certas coisas não se fazem perguntas: primeiro imperativo do instinto. – Eu não consigo visualizar, de maneira alguma, o que quer se fazer com o trabalhador europeu, depois de transformá-lo em uma questão. Ele está muito bem sem questionar gradualmente mais, questionar mais desrespeitosamente. Afinal, ele tem os números a seu lado. A esperança é que se desenvolvesse um tipo de homem modesto e autossuficiente, um tipo chinês: e teria sido razoável, teria sido absolutamente uma necessidade. O que se fez? De tudo para destruir tal possibilidade desde o princípio – destruíram os instintos que possibilitam a existência do trabalhador como classe, para si mesmo, através da mais irresponsável falta de reflexão. Fizeram do trabalhador um militar capacitado, deram-no o direito de coalizão, o direito de voz política: qual a surpresa se o trabalhador sente, hoje, sua existência como em estado de emergência (moralmente apresentado como uma injustiça)? Mas o que querem? Pergunto de novo. Se um fim, é preciso querer um meio: se escravos, é uma estupidez educá-los como senhores.

41

"Liberdade que eu não quero...". – Em tempos como o de hoje, deixar-se levar pelos instintos é mais uma fatalidade. Esses instintos se contradizem, perturbam-se, destroem-se mutuamente; eu já defini o moderno como autocontradição fisiológica. A racionalidade na educação desejaria que, sob pressão férrea, pelo menos um desses sistemas de instinto fosse paralisado para permitir que um outro ganhasse poder, força e domínio. Hoje é preciso, primeiro, tornar o indivíduo possível, podando-os: possível, isto é, inteiro... O que se mostra é o oposto: a reivindicação de independência, de livre desenvolvimento, de *laisser aller*[39], é feita fervorosamente justamente por aqueles para os quais nenhuma rédea seria rígida demais – assim é na política, assim é na arte. Mas isso é um sintoma da decadência: nosso conceito moderno de "liberdade" é mais uma prova da degeneração dos instintos.

42

Onde o credo se faz necessário. – Nada é mais raro entre os moralistas e santos do que a retidão; talvez digam o oposto, talvez até eles mesmos acreditem nisso. Se, justamente, uma crença é mais necessária, mais eficiente, mais convincente do que a hipocrisia consciente,

---

39 Soltura.

então, por instinto, a hipocrisia logo se torna inocência: primeiro princípio para a compreensão de grandes santos. Mesmo entre os filósofos, um outro tipo de santo provém do ofício de que apenas aceitem certas verdades: justamente aquelas para as quais o ofício tem sanção pública – dito kantianamente, verdades da razão prática. Eles sabem o que precisam provar, nisso são práticos – reconhecem-se uns aos outros por concordarem com "as verdades". – "Não mentirás" – em outras palavras: tome cuidado, meu caro filósofo, ao dizer a verdade...

43

Dito no ouvido do conservador. – O que antes não se sabia, o que se sabe hoje, pode-se saber – uma regressão, uma inversão em qualquer sentido ou grau não é possível. Nós, fisiologistas, pelo menos sabemos isso. Mas todos os sacerdotes e moralistas acreditaram nisso – eles querem que a humanidade volte, regresse a um nível anterior de virtude. A moral sempre foi uma cama de Procusto. Mesmo os políticos imitaram os pregadores de virtude nesse aspecto: há, mesmo hoje, ainda partidos que sonham com o objetivo de que todas as coisas andem como caranguejos. Mas ninguém é livre para ser um caranguejo. De nada adianta: é preciso seguir adiante, o que significa andar passo a passo mais a fundo na decadência (– essa é minha definição do moderno "progresso"...). É possível inibir esse desenvolvimento, ao inibi-lo, represar a própria degeneração, acumulá-la, torná-la mais intensa e repentina: não se pode mais do que isso.

44

Meu conceito de gênio. – Grandes homens são como grandes tempos explosivos, nos quais um tremendo poder é acumulado; sua condição sempre foi, histórica e fisiologicamente, por muito tempo reunida, guardada, economizada, poupada e preservada para eles – e por muito tempo não houve explosão. Quando a tensão nas massas se torna grande demais, o estímulo mais aleatório é suficiente para chamar o "gênio", a "ação", o grande destino do mundo. O que importa então o ambiente, para a época, para o "espírito do tempo", para a "opinião pública"! Tomemos o caso do Napoleão. A França da revolução, e ainda mais da pré-revolução, teria trazido um tipo oposto ao que é o Napoleão: e de fato o trouxe. Como Napoleão era diferente, herdeiro de uma civilização mais forte, mais longeva, mais velha do que a que ebulia e se esfacelava na França, lá ele se tornou senhor, era o único senhor. Os grandes homens são necessários, o período em que aparecem é obra do acaso; quase sempre se tornam senhores de suas épocas apenas porque são mais fortes, mais velhos, porque para eles mais acúmulo houve. Entre um gênio e seu período existe uma relação como entre o forte e o fraco, assim como entre o velho e o jovem: o período é relativamente sempre muito mais jovem, mais frágil, menos maduro, mais inseguro, mais juvenil. – Que hoje se pense muito diferente a respeito na França (na Alemanha também: mas de nada importa), que lá a teoria do *milieu*[40], uma verdadeira teoria de neuróticos, tenha se tornado sacrossanta, quase científica, e tenha encontrado endosso entre fisiologistas, isso "não cheira bem", causa pensamentos tristes. – Na Inglaterra também não se entende diferente, apesar de que lá ninguém lamentará. Os ingleses só têm dois caminhos abertos para entrar de acordo com o gênio e o "grande homem": ou democraticamente, no modo de Buckle, ou religiosamente, no modo de Carlyle. O perigo que se encontra nos grandes homens e períodos é extraordinário; exaustão de qualquer tipo, a esterilidade segue em seu calço. O grande homem é um fim; o grande período, a Renascença, por exemplo, é um fim. O gênio – em obra, em ação – é necessariamente um perdulário: o que ele gasta é sua grandeza... O instinto de autopreservação é, por assim dizer, suspenso; a pressão avassaladora das forças exalantes o proíbe de qualquer tipo de cuidado e precaução. Chamam-no de "sacrifício"; ovaciona-se o "heroísmo", sua indiferença para com seu bem-estar, sua devoção a uma ideia, uma grande causa, uma pátria: todos mal-entendidos... Derrama, transborda, consome-se, não se poupa – fatalmente, desastrosamente, involuntariamente, assim como um rio transborda suas margens involuntariamente. Mas, como se há muito a que ser grato a esses explosivos, também se dá muito a eles, a exemplo de um tipo de moral mais elevada... Assim é a gratidão humana: ela entende mal seus benfeitores.

---

40 Meio.

45

O criminoso e o que lhe é relacionado. – O criminoso é o tipo do homem forte sob condições desfavoráveis, tornado doente. A ele falta a selvageria, a liberdade e a periculosidade de uma natureza e existência no todo; o que é arma e defesa no instinto do homem forte é justo. Suas virtudes foram banidas da sociedade; seus impulsos mais vivazes, que trazia consigo, foram tão logo misturados a afetos opressivos, à suspeita, ao medo, à desonra. Mas essa é quase a receita para a degeneração fisiológica. Quem precisa fazer o que é melhor em segredo, cautela e tensão é anêmico; e como colhe sempre o perigo, a perseguição, o desastre de seus instintos, seus sentimentos também se viram contra si – ele os sente fatais. Essa é a sociedade – nossa domesticada, medíocre, castrada sociedade –, na qual o homem natural, vindo das montanhas ou de aventuras no mar, necessariamente degenera em criminoso. Ou quase necessariamente: existem casos nos quais tal homem se mostra mais forte que a sociedade. O corso Napoleão é o caso mais conhecido. Para o problema em questão, o testemunho de Dostoiévski é relevante – Dostoiévski, o único psicólogo, de passagem, de quem aprendi algo: ele pertence aos momentos mais felizes da minha vida, até mais do que descobrir Stendhal. Esse homem profundo, que dez vezes mais tinha razão em menosprezar os superficiais alemães, percebeu os prisioneiros siberianos, dentre os quais viveu por muito tempo, os piores criminosos, que não tinham mais caminho de volta à sociedade, de uma maneira bastante distinta da que ele mesmo esperava – aproximadamente como se tivessem sido esculpidos da melhor, mais dura e mais valiosa madeira que cresce em chão russo. Generalizemos o caso do criminoso: pensemos em naturezas nas quais, por algum motivo, falte aprovação pública, naturezas que eles sabem não ser vistas como benevolentes, como úteis – aquele sentimento chandala de não ser visto como igual, mas como dejeto, indigno, poluente. Todas essas naturezas têm a cor do subterrâneo, em pensamentos e ações; elas são mais pálidas do que aquelas cujas existências recaem à luz do dia. Mas quase toda forma de existência que hoje valorizamos outrora viveu sob esse ar meio tumular: o caráter científico, o artista, o gênio, o espírito livre, o ator, o comerciante, o grande descobridor... Enquanto o sacerdote é visto como tipo supremo, qualquer tipo valioso de humano é desvalorizado... Vem aí o tempo – isso eu prometo –, quando será visto como o mais baixo, como nosso chandala, como o mais mentiroso, como o tipo de pessoa mais indecente... Chamo atenção para o fato de que, ainda agora, sob o mais brando regramento de costumes que já regeu a Terra, ao menos a Europa, toda singularidade, toda longa e extrema marginalidade, toda forma de existência incomum e opaca se aproxima desse tipo que o criminoso personifica. Todos os inovadores de espírito portam a pálida e fatal marca chandala na testa: não porque sejam vistos assim, mas porque eles mesmos sentem o terrível abismo que os separa de tudo o que é convencional e honrável. Quase todo gênio conhece, como um de seus desenvolvimentos, a "existência catilinária", um sentimento de ódio, vingança e revolta contra tudo o que é, o que não se torna mais... Catilina – a forma preexistente de cada César.

46

Aqui a vista é livre. – Pode ser grandeza de alma quando um filósofo fica em silêncio; pode ser amor ao se contradizer; é possível uma polidez mentirosa do conhecedor. Não foi sem fineza que se disse: "*il est indigne des grands coeurs de répandre le trouble, qu'ils ressentent*"[41]; só é preciso acrescentar que não se acovardar diante do indigno pode ser grandeza de alma. Uma mulher que ama sacrifica sua honra; um conhecedor que "ama" talvez sacrifique sua humanidade; um deus que amava tornou-se judeu....

47

A beleza não é acaso. – Mesmo no caso da beleza em uma raça ou família, seus encantos e suas bondades em todas as expressões são trabalhados: ela é, assim como o gênio, o resultado do trabalho acumulado por gerações. Deve-se ter feito grandes sacrifícios pelo bom gosto, deve-se ter feito muitas coisas, ter deixado muitas coisas para

---

[41] É indigno de grandes corações espalhar problemas que sentem (tradução nossa).

trás – o século XVII na França é admirável em ambos –, nele devia-se ter princípio de escolha, na sociedade, em quesito de lugar, vestimentas, satisfação sexual; devia-se ter preferência em relação à beleza com relação à vantagem, ao hábito, à opinião, à preguiça. Diretriz suprema: não é adequado "deixar-se levar" nem diante de si mesmo. – As coisas boas são excessivamente custosas: e sempre se aplica a lei de que quem possui difere de quem adquiriu. Tudo o que é bom é herança: o que não é herdado é imperfeito, é inicial... Em Atenas, na época de Cícero, que o expressa com surpresa, os homens e jovens superavam as mulheres em beleza: mas que trabalho e esforço a serviço da beleza o sexo masculino exigiu de si mesmo! – Não devemos nos enganar sobre a metodologia aqui: uma simples disciplina de sentimentos e pensamentos é praticamente nula (– aqui jaz o grande mal-entendido da educação alemã, que é totalmente ilusória): é preciso primeiro convencer o corpo. A manutenção rigorosa de gestos significativos e escolhidos e uma obrigação de viver apenas com pessoas que não se "deixam levar" são suficientes para se tornarem significativas e escolhidas: em duas ou três gerações já estará tudo internalizado. É crucial para o destino do povo e da humanidade que se comece a cultura no lugar certo – não na "alma" (como era a superstição fatal dos sacerdotes e meio sacerdotes): o lugar certo é o corpo, o gesto, a dieta, a fisiologia; o resto acompanha... É por isso que os gregos continuam como o primeiro evento cultural da História – eles sabiam, eles fizeram o que era necessário; o cristianismo, que despreza o corpo, foi, até agora, a maior desgraça da humanidade.

48

Progresso no meu sentido. – Também falo de "retorno à natureza", embora verdadeiramente não seja um retorno, mas uma ascensão. Ascensão à elevada, livre, mesmo assustadora natureza e naturalidade, uma tal que brinca com as grandes tarefas, tem permissão para brincar. Dizendo metaforicamente: Napoleão era um pedaço de "retorno à natureza", como compreendo (por exemplo, *in rebus tacticis*[42], e ainda mais, como os militares sabem, estrategicamente). Mas Rousseau – para onde queria ele realmente voltar? Rousseau, esse homem moderno, idealista e *canaille*[43] em uma só pessoa, tinha necessidade da "dignidade" moral para suportar seu próprio aspecto; doente de uma vaidade e um desprezo irrefreáveis. Mesmo esse aborto, que se instalou às margens da nova era, queria o "retorno à natureza" – para onde, pergunto novamente, queria Rousseau voltar? Eu odeio Rousseau até na revolução: ele é a expressão histórica mundial dessa duplicidade de idealista e *canaille*. A farsa sangrenta que com essa revolução desenrolou, sua "imoralidade", é pouco importante para mim: o que eu odeio é sua moralidade rousseauniana – as tais "verdades" da revolução, com as quais ainda opera e convence a todo superficial e medíocre. A doutrina da igualdade! Não há veneno mais venenoso: pois parece ser pregada pela própria justiça, enquanto finda a justiça... "Aos iguais o igual, aos desiguais

---

[42] Em questões táticas.
[43] Canalha.

o desigual", esse era o verdadeiro discurso da justiça, bem como o que se sucede, "nunca fazer do desigual igual". Tal doutrina de igualdade gerou tanta violência e sanguinolência, porém ainda, essa "ideia moderna" ainda recebeu por excelência um tipo de glória e radiância, de modo que a revolução, como uma peça, também seduziu os espíritos mais nobres. Mas isso não é motivo para respeitá-los mais. – Vejo apenas um que a sentiu como deveria ser sentida, com nojo – Goethe...

49

Goethe – não é uma eventualidade alemã, mas europeia: uma tentativa grandiosa de superar o século XVIII através de um retorno à natureza, através de uma ascensão à naturalidade de Renascença, um tipo de autossuperação por parte desse século. – Ele portava estes mais fortes instintos em si: a sensibilidade, a idolatria da natureza, o elemento anti-histórico, o idealismo, o irreal e o revolucionário (este último como forma do irreal). Recorreu à história, à ciência natural, à antiguidade, assim como Spinoza, sobretudo à atividade prática; ele se cercou de nada além de horizontes fechados; não se afastou da vida, ele se colocou nela; não estava desanimado e assumiu tudo o quanto era possível de si, sobre si, em si. O que queria era a totalidade e combatia a separação entre razão, sensualidade, sentimento, vontade (– pregada na mais repugnante escolástica por Kant, o antípoda de Goethe); ele se disciplinou para a totalidade, ele se criou... Goethe era, em meio a uma era de mentalidade irreal, um realista convicto: ele dizia sim para tudo o que lhe era relacionado nesse aspecto – não teve qualquer vivência maior do que aquele *ens realissimum*[44], chamado Napoleão. Goethe concebeu um homem forte, altamente educado, habilidoso em todos os quesitos corporais, com autocontrole e autoestima, que ousava permitir-se a todo escopo e riqueza da natureza, que é forte o suficiente para tal liberdade; o homem da tolerância, não por fraqueza, mas por força, porque sabe usar a seu benefício aquilo que destruiria a natureza média; o homem para quem não há mais nada proibido, salvo a fraqueza, seja vício ou virtude... Tal espírito assim liberto permanece com um fatalismo alegre e confiante no meio do universo, crendo apenas que o individual é condenável, que, em geral, tudo se redime e se afirma – ele não nega mais... Mas tal crença é a mais elevada possível: eu a batizei com o nome de Dionísio.

50

Pode-se dizer que, em certo sentido, o século XIX também buscou tudo o que Goethe buscou como pessoa: uma universalidade no entendimento, na aprovação, deixando qualquer proximidade, um realismo audacioso, um respeito por tudo o que é factual. Como o resultado não é um Goethe, mas um caos, um suspiro niilista, um

---

44 Ente realíssimo.

não-saber-de-onde-ou-para-onde, um instinto de cansaço que, na prática, continuamente nos leva de volta para o século XVIII? (Por exemplo, como romantismo emocional, como altruísmo e hipersentimentalismo, como feminismo no gosto, como socialismo na política.) Não seria o século XIX, principalmente no seu fim, apenas um século XVIII reforçado e brutalizado, ou seja, um século de decadência? Desse modo, Goethe teria sido um incidente, um belo desperdício, não apenas para a Alemanha, mas para a Europa inteira. Mas não se entendem devidamente os grandes homens quando eles são vistos da miserável perspectiva da utilidade pública. Que não se saiba tirar proveito talvez seja parte de sua grandeza...

51

Goethe é o último alemão por quem tenho respeito: ele buscou três coisas que eu busco – também nos entendemos sobre a "cruz"... Perguntam-me frequentemente por que eu realmente escrevo em alemão: em lugar nenhum sou tão mal lido quanto na pátria. Mas quem sabe, afinal, se ao menos quero ser lido hoje? – Criar coisas às quais em vão o tempo tenta os dentes; em forma, em substância, esforçar-se por uma pequena imortalidade – eu nunca fui modesto o suficiente para exigir menos de mim. O aforismo, a sentença na qual eu sou o primeiro mestre alemão, revela as formas da "eternidade"; minha ambição é dizer, em dez frases, o que qualquer outro diz em um livro – o que qualquer outro não diz em um livro...

Eu dei à humanidade o livro mais profundo em sua posse, meu Zaratustra: em breve darei a ela o mais independente.

X. O QUE DEVO AOS ANTIGOS

1

Para concluir, uma palavra sobre aquele mundo ao qual eu busquei acesso, onde talvez eu tenha encontrado acesso – o Velho Mundo. Meu gosto, que pode ser o oposto a um gosto tolerante, também está longe de aceitar em bloco: ele sobretudo não gosta de dizer sim, ainda prefere o não e, acima de tudo, prefere não dizer nada... Isso vale para culturas inteiras, vale para livros – também vale para lugares e paisagens. Em suma, é um pequeno número de livros antigos que constam em minha vida; os mais famosos não estão entre eles. Meu sentido de estilo, para o epigrama como estilo, despertou quase instantaneamente quando entrou em contato com Salústio. Eu não esqueci o espanto de meu estimado professor Corssen quando teve que dar a mais alta nota ao seu pior aluno de latim – terminei em um golpe. Conciso, rigoroso, com tanta substância quanto possível, uma fria vilania contra a "bela palavra", também contra o "belo sentimento" – eu me encontrei nisso. Pode-se, até em meu Zaratustra, reconhecer uma muito séria ambição pelo estilo romano, pelo *aere perennius*[45] em estilo. Não foi diferente quando tive o primeiro contato com Horácio. Até hoje não tive o deleite artístico com algum poeta como, desde o começo, tive com uma ode de Horácio. Em certas línguas, o

---

45 "Mais duradouro que o bronze", como referência às odes de Horácio.

que foi alcançado aqui nem sequer é desejável. Esse mosaico de palavras, em que cada uma como som, como lugar, como conceito transborda sua força à direita, à esquerda e por todo o conjunto, esse mínimo em extensão, número e signo, esse com o qual alcanço o máximo em energia e signo – tudo isso é romano e, se quiserem acreditar em mim, nobre por excelência. Todo o resto da poesia é, ao contrário, algo muito popular – um mero blá-blá-blá emocional...

2

Aos gregos, não devo nenhuma impressão fortemente comparável; e, para ser franco, eles nem podem ser o que os romanos foram para nós. Não se aprende dos gregos – suas formas são muito estrangeiras, também muito fluidas, para funcionarem como imperativo, como "clássico". Quem teria aprendido a escrever com os gregos? Quem o teria aprendido sem os romanos? Não me fale de Platão. Quando se trata dele, sempre fui um completo cético e nunca fui capaz de concordar com a admiração pelo artista Platão, que é tradicional entre os estudiosos. Por fim, tenho aqui os mais refinados juízes de gosto dentre os próprios antigos ao meu lado. Platão mistura, ao que me parece, todas as formas de estilo, sendo assim o primeiro decadente deste: ele tem algo de similar em sua mente com os cínicos, que inventaram o *satura Menippea*[46]. Que o diálogo platônico, essa

---

[46] Gênero literário romano inspirado em Menipo de Gadara, a sátira menipeia.

terrivelmente complacente e infantil forma de dialética, poderia funcionar como estímulo, para isso seria preciso nunca ter lido um bom francês – Fontenelle, por exemplo. Platão é entediante. – Por fim, minha desconfiança em Platão é profunda: eu o acho tão desviado dos instintos basais dos helenos, tão moralizante, tão cristão preexistente – ele já tem o conceito de "bom" como supremo –, que de todo o fenômeno de Platão eu preferiria usar a dura expressão "elevada fraude" ou, se acharem melhor, idealismo, do que qualquer outra. Pagou-se caro que esse ateniense tenha ido à escola entre os egípcios (– ou entre os judeus no Egito?). Na grande fatalidade do cristianismo, Platão é aquela ambiguidade e fascinação chamada de "ideal", que permitiu que as naturezas nobres da Antiguidade se entendessem mal e entrassem na ponte que levava à "cruz"... E quanto de Platão ainda está no conceito de "igreja", na estrutura, no sistema, na práxis da igreja! – Minha trégua, minha predileção, minha cura do platonismo a cada vez foi Tucídides. Tucídides e, talvez, o *Príncipe* de Maquiavel me são os mais relacionados, pelo desejo incondicional de não se enganar e ver a razão na realidade – não na "razão" e muito menos na "moral"... Nada cura tão profundamente o lamentável embelezamento dos gregos no ideal, em que o jovem de "formação clássica" leva para a vida como recompensa de seu adestramento ginasial, quanto Tucídides. É preciso examiná-lo linha por linha e ler seus pensamentos ocultos tão claramente quanto suas palavras: poucos são os pensadores tão ricos em pensamentos ocultos. Nele, a cultura sofista, quer dizer, a cultura realista, vem em sua completa expressão: esse movimento inestimável em meio à fraude moral – e ideal – das escolas socráticas que irrompeu por todo lado. A filosofia grega como decadência dos instintos gregos; Tucídides como a grande soma, a última revelação daquela realidade forte, severa e dura que era instinto para os antigos helenos. A coragem diante da realidade diferencia, portanto, tais naturezas como Tucídides e Platão: Platão é um covarde diante da realidade – consequentemente foge para o ideal; Tucídides tem autocontrole e, consequentemente, também mantém as coisas sob controle...

3

Nos gregos, identificar "belas almas", "meios aureos" e outras perfeições, maravilhar-se com a tranquilidade na grandeza, a disposição ideal, a elevada simplicidade neles – dessa "elevada simplicidade", uma *niaiserie allemande*[47] da qual, por fim, fui protegido pelo psicólogo que carrego comigo. Eu vi seu instinto mais forte, a vontade de poder, eu os vi tremer diante da força indomável desses impulsos – vi todas as suas instituições crescerem a partir de medidas de proteção, para se resguardarem uns dos outros contra sua explosividade interna. A enorme tensão no interior se descarregava em uma assustadora e implacável inimizade contra o exterior: os Estados dilaceravam uns aos outros para que os cidadãos de cada um pudessem encontrar a paz dentro de si. Havia a necessidade de ser forte: o perigo estava próximo – espreitava por todo lado. A magnífica e

---
47 Bobagem alemã.

flexível corporeidade, o audacioso realismo e imoralismo que caracterizava os helenos, é uma necessidade, não uma "natureza". Sucedeu-se, não estava desde o princípio. E com festas e artes quer nada mais do que se sentir por cima, mostrar-se por cima: são meios de se glorificar, em certas situações, de se atemorizar... Julgar os gregos à maneira alemã, com base em seus filósofos, usando-se da pedanteria das escolas socráticas para esclarecer o que, essencialmente, é helênico! Os filósofos são, na verdade, os decadentes dos gregos, o contramovimento em oposição ao antigo, ao gosto nobre (– ao instinto agonístico, à pólis, ao valor da raça, à autoridade dos costumes). As virtudes socráticas foram pregadas porque os gregos as tinham perdido: irritáveis, medrosos, inconstantes, todos comediantes, tinham alguns motivos sobrando para que a moral pudesse ser pregada a eles. Não que tenha ajudado de alguma coisa: mas grandes palavras e atitudes ficam tão bem nos decadentes...

4

Eu fui o primeiro a levar a sério, para a compreensão do velho, do ainda rico e exuberante instinto helênico, aquele maravilhoso fenômeno que porta o nome de Dionísio: ele é apenas explicável por uma excessividade de força. Quem segue os gregos, como o mais profundo conhecimento de sua cultura ainda existente, é Jakob Burckhardt, da Basileia, que sabia imediatamente que algo importante havia sido feito. Burckhardt adicionou a seu *Cultura dos gregos* uma seção própria sobre tal fenômeno. Se quiser o oposto, veja a quase divertida pobreza de instinto dos filólogos alemães quando se aproximam do dionisíaco. Especialmente o conhecido Lobeck, que, com a venerável segurança de um verme ressequido entre livros, rastejou para esse mundo de situações misteriosas e se convenceu de que era científico ao ser leviano e juvenil de maneira nauseante. Lobeck, com todo seu esforço de erudição, deu a entender que todas essas curiosidades não tinham nada em si. De fato, os sacerdotes poderiam ter compartilhado em tais orgias algo que não fosse isento de valor, por exemplo, que o vinho estimula o prazer, que o homem, em certas situações, vive de frutas, que as plantas florescem na primavera e murcham no outono. Quanto àquelas estranhas riquezas nos ritos, símbolos e mitos derivados de orgias, nos quais todo o mundo antigo literalmente se baseia, Lobeck encontra ocasião para ser um grau mais espiritualista. "Os gregos", disse em *Aglaophamus*, "não tinham outra coisa a fazer, então riam, pulavam, corriam por aí, ou, como o homem também tem vontade às vezes, sentavam-se, choravam e lamentavam. Então outros vinham mais tarde e procuravam um motivo para esse comportamento extraordinário; assim, para explicar tais práticas, surgiram aqueles tais incontáveis festivais e mitos. Por outro lado, acreditava-se que tal comportamento excêntrico que ocorria durante as festividades era necessário para a celebração da festividade e considerado uma parte indispensável do culto." Essa é uma conversa desprezível, não se deve levar Lobeck a sério nem por um instante. É uma situação completamente diferente quando verificamos o conceito de "grego" que construíram Winckelmann e Goethe, incompatível com aquele elemento em que cresce a arte dionisíaca – com o orgiástico. Na verdade, eu não tenho dúvidas de que Goethe tenha excluído fundamentalmente a possibilidade de algo assim da alma grega. Consequentemente, Goethe não entendeu os gregos. Pois é apenas nos mistérios dionisíacos, na psicologia do estado dionisíaco que se expressa o fato fundamental do instinto helênico – sua "vontade de viver". O que o heleno buscava com esses mistérios? A eterna vida, o eterno retorno da vida; o futuro no passado prometido e consagrado; o triunfante, sim, da vida sobre a morte e a mudança; a verdadeira vida como a sobrevivência total através da multiplicação, através dos mistérios da sexualidade. Para o grego, o símbolo sexual era, portanto, o símbolo venerável em si, o verdadeiro sentido profundo da antiga piedade. Tudo o que era singular no ato da multiplicação, da gravidez, do nascimento despertava o mais elevado e solene sentimento. No ensinamento dos mistérios, a dor foi santificada: as "dores do parto" santificam as dores em geral... Para que se dê o prazer da criação, para que a vontade de viver se afirme eternamente, também deve haver eternamente o "tormento da parturiente"... Tudo isso é o significado da palavra Dionísio: eu não conheço mais alto simbolismo do que esse simbolismo grego, o de Dionísio. Nele, o mais profundo instinto da vida, a ideia de futuro da vida são sentidos religiosamente, para a eternidade – o próprio caminho para a vida, a multiplicação, visto como caminho sacro... Somente o cristianismo, com seu ressentimento contra a vida na essência, fez da sexualidade algo de impuro: jogou lama sobre o início, sobre o pré-requisito de nossas vidas...

5

    A psicologia do orgiástico como um transbordante sentimento de vida e força, no qual a própria dor ainda atua como estímulo, deu-me a chave para o conceito do sentimento trágico, que foi mal compreendido tanto por Aristóteles quanto especialmente por nossos pessimistas. A tragédia está tão longe de provar algo para o pessimismo dos helenos no sentido de Schopenhauer, que deve ser mais vista como definitiva rejeição e contrainstância. Dizer sim à vida, mesmo com seus mais estranhos e difíceis problemas; ter vontade de viver, de alegrar-se com sua inesgotabilidade de sacrifício dos mais elevados tipos – isso é o que chamei de dionisíaco, é o que percebi como ponte para a psicologia do poeta trágico. Não para se livrar do medo e da piedade, não para se purificar de um afeto perigoso através de uma veemente descarga – assim entendia Aristóteles: é, além do medo e da piedade, o eterno prazer de se tornar a si mesmo – aquele prazer que também inclui o prazer de destruir em si... E, com isso, trago de novo o ponto de onde parti – o "nascimento da tragédia" foi minha primeira transvaloração: com isso, coloco-me de volta ao chão onde minha vontade e minha capacidade crescem – eu, o último discípulo do filósofo Dionísio, eu, o professor do eterno regresso...

… O MARTELO FALOU

Assim falou Zaratustra

Por que tão duro! – disse ao diamante o carvão da cozinha. – Não somos parentes próximos?

Por que tão frágil? Ah, meus irmãos, eu lhes pergunto: vocês não são meus irmãos?

Por que tão frágeis, tão flexíveis e acomodados? Por que há tanta negação, renúncia em seus corações? Tão pouco destino em seu olhar?

E se não quiserem ser fatídicos e inexoráveis: como poderiam comigo um dia vencer?

E se a dureza não quiser brilhar, cortar e separar: como poderiam comigo um dia criar?

Todos os criadores são deveras duros. Para você, deve ser uma bênção pressionar sua mão por milênios como se fosse cera.

Uma bênção escrever na vontade de milênios se fossem bronze – mais duros que bronze, mais nobres que bronze. Ser duro por si só é ser mais nobre.

Essa nova tábua, ó meus irmãos, a coloco sobre vocês: tornem-se duros!

grupo novo século

Compartilhando propósitos e conectando pessoas
Visite nosso site e fique por dentro dos nossos lançamentos:
www.gruponovoseculo.com.br

‹ns

- facebook/novoseculoeditora
- @novoseculoeditora
- @NovoSeculo
- novo século editora

Edição: 1ª
Fonte: Libre Baskerville

gruponovoseculo.com.br